2024 中财传媒版
年度全国会计专业技术资格考试辅导系列丛书·注定会赢®

经济法速刷360题

财政部中国财经出版传媒集团　组织编写

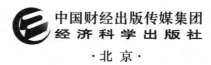

中国财经出版传媒集团
经济科学出版社
·北京·

图书在版编目（CIP）数据

经济法速刷 360 题/财政部中国财经出版传媒集团组织编写 . -- 北京：经济科学出版社，2024.4

（中财传媒版 2024 年度全国会计专业技术资格考试辅导系列丛书 . 注定会赢）

ISBN 978 - 7 - 5218 - 5767 - 2

Ⅰ.①经…　Ⅱ.①财…　Ⅲ.①经济法 - 中国 - 资格考试 - 习题集　Ⅳ.①D922.290.4

中国国家版本馆 CIP 数据核字（2024）第 068626 号

责任校对：徐　昕
责任印制：邱　天

经济法速刷 360 题

JINGJIFA SUSHUA 360 TI

财政部中国财经出版传媒集团　组织编写

经济科学出版社出版、发行　新华书店经销

社址：北京市海淀区阜成路甲 28 号　邮编：100142

总编部电话：010 - 88191217　发行部电话：010 - 88191522

天猫网店：经济科学出版社旗舰店

网址：http://jjkxcbs. tmall. com

固安华明印业有限公司印装

787 × 1092　16 开　8 印张　170000 字

2024 年 4 月第 1 版　2024 年 4 月第 1 次印刷

ISBN 978 - 7 - 5218 - 5767 - 2　定价：45.00 元

（图书出现印装问题，本社负责调换。电话：010 - 88191545）

（打击盗版举报热线：010 - 88191661，QQ：2242791300）

前　言

　　2024 年度全国会计专业技术中级资格考试大纲已经公布，辅导教材也已正式出版发行。与上年度相比，新考试大纲及辅导教材的内容发生了较大变化。为了帮助考生准确理解和掌握新大纲和新教材的内容、顺利通过考试，中国财经出版传媒集团本着对广大考生负责的态度，严格按照新大纲和新教材内容，组织编写了中财传媒版 2024 年度全国会计专业技术资格考试辅导"注定会赢"系列丛书。

　　该系列丛书包含"精讲精练""通关题库""全真模拟试题""要点随身记""速刷 360 题"等 5 个子系列，共 15 本图书，具有重点把握精准、难点分析到位、题型题量贴切、模拟演练逼真等特点。本书属于"速刷 360 题"子系列，设计了 360 道极具参考价值的习题，其题型和难易程度均依照考试真题设计，每道试题附有参考答案及解析，全书通过刷基础、刷提高、刷易错、刷通关，帮助考生强化知识点、精准训练、夯实基础，增强考生的应考冲刺能力。

　　中国财经出版传媒集团为购买本书的读者提供线上增值服务。读者可通过扫描封面下方的"注定会赢"微信公众号二维码下载"中财云知"App，免费享有题库练习、模拟测试、每日一练、学习答疑等增值服务。

　　全国会计专业技术资格考试是我国评价选拔会计人才、促进会计人员成长的重要渠道，也是落实会计人才强国战略的重要措施。希望广大考生在认真学习教材内容的基础上，结合本丛书准确理解和全面掌握应试知识点内容，顺利通过考试，不断取得更大进步，为我国会计事业的发展作出更大贡献！

　　书中如有疏漏和不当之处，敬请批评指正。

财政部中国财经出版传媒集团

2024 年 4 月

目　　录

第一部分

速 刷 题

第一章　总　论

刷基础

1. （单选题）关于法律体系与法律部门，下列判断不正确的是（　　）。
   A. 法律体系的组成部分是法律规范
   B. 法律部门划分的主要标准是法律所调整的社会关系
   C. 国家对经济的管理、国家同企业之间以及企业内部的管理等纵向的经济关系，主要由行政法或经济法调整
   D. 商法调整商事主体之间的商事关系，遵循民法的基本原则，同时秉承保障商事交易自由、等价有偿、便捷安全等原则

2. （单选题）根据民事法律制度的规定，下列各项中，属于可撤销民事法律行为的是（　　）。
   A. 限制民事行为能力人超出其民事行为能力范围实施的民事法律行为
   B. 行为人对行为内容有重大误解实施的民事法律行为
   C. 行为人与相对人恶意串通，损害他人合法权益的民事法律行为
   D. 行为人与相对人以虚假的意思表示实施的民事法律行为

3. （单选题）根据《民法典》的规定，下列法律行为中，属于无效的民事法律行为的是（　　）。
   A. 受欺诈的行为
   B. 受胁迫的行为
   C. 显失公平的行为
   D. 违背公序良俗的行为

4. （单选题）甲、乙企业订立买卖合同时对合同履行发生争议的解决条款选择了仲裁方式。下列表述中，正确的是（　　）。
   A. 甲企业直接向人民法院提起民事诉讼，人民法院不应受理
   B. 甲、乙企业在仲裁协议中未选定仲裁委员会，则仲裁协议无效
   C. 甲、乙企业签署仲裁协议后，不得调整
   D. 甲、乙企业对仲裁裁决不服的，可以向人民法院起诉

5. （单选题）根据民事诉讼法律制度的规定，下列关于诉讼管辖的表述中，不正确的是（　　）。
   A. 买卖合同当事人可以在合同书中选择解决管辖相关纠纷的人民法院
   B. 王某的子女因继承房产产生纠纷提起诉讼的，应当由房屋所在地的人民法院管辖
   C. 张三在某市东城区被驾驶电动自行车路过此地的李四撞伤而提起人身伤害赔偿诉

讼，应当由张三住所地人民法院管辖

　　D. 民事诉讼的原告向两个以上有管辖权的人民法院起诉的，由最先立案的人民法院管辖

6. （单选题）甲餐厅因在卫生防疫检查中，存在严重隐患，被政府有关部门责令停业整改并罚款 5 万元。甲餐厅不服处罚，决定向人民法院提起诉讼。甲餐厅应当自（　　）提起行政诉讼。

　　A. 知道或应当知道行政处罚之日起 6 个月内

　　B. 知道或应当知道行政复议决定之日起 60 日内

　　C. 知道或应当知道行政复议机关不予受理决定作出之日起 15 日内

　　D. 知道或应当知道行政复议期满之日起 15 日内

7. （多选题）甲公司与乙公司签订了一份标的额为 3 000 万元的建设工程合同。根据法律行为的分类，该合同属于（　　）。

　　A. 要式法律行为　　　　　　　　　B. 有偿法律行为

　　C. 单方法律行为　　　　　　　　　D. 从法律行为

8. （多选题）下列关于仲裁审理表述中，符合仲裁法律制度规定的有（　　）。

　　A. 仲裁庭由 3 名仲裁员组成合议仲裁庭

　　B. 仲裁员不实行回避制度

　　C. 仲裁庭认为有必要收集证据的，征得各方当事人意见后可以自行收集

　　D. 仲裁庭可以进行调解

9. （多选题）下列案件中，适用《民事诉讼法》的有（　　）。

　　A. 公民名誉权纠纷案件

　　B. 公司与银行因票据纠纷提起诉讼案件

　　C. 纳税人与税务机关因税收征纳争议提起诉讼案件

　　D. 劳动者不服与用人单位劳动合同仲裁裁决而提起的诉讼案件

10. （多选题）根据《行政复议法》的规定，下列各项中，属于行政复议范围的有（　　）。

　　A. 公安机关对公民王某作出限制其人身自由的行政强制措施决定不服的

　　B. 甲企业对市场监督管理部门作出责令其停产停业的行政处罚决定不服的

　　C. 章律师对当地司法局取消律师资格的决定不服的

　　D. 乙税务机关工作人员刘某对本单位给予其行政处分的决定不服的

11. （判断题）法律体系是指由一国的全部法律规范按照不同的法律部门分类组合而形成的有机联系的统一整体。（　　）

12. （判断题）对于因重大误解订立的合同，重大误解的当事人可以自知道或者应当知道撤销事由之日起 90 日内行使撤销权。（　　）

13. （判断题）行政复议机关对不符合法律规定的行政复议申请，决定不受理，并口头告知申请人。（　　）

刷提高

14.（单选题）甲超越代理权限以乙公司的名义订立了采购合同，乙公司追认其合同有效，下列表述中正确的是（　　）。

A. 乙公司追认其合同有效的行为是双务法律行为
B. 乙公司追认其合同有效的行为是单方法律行为
C. 乙公司追认其合同有效的行为是有偿法律行为
D. 乙公司追认其合同有效的行为是要式法律行为

15.（单选题）甲用随身携带盖有乙公司公章的空白合同书，与丙公司签订采购合同，该合同的效力是（　　）。

A. 合同无效　　　　　　　　B. 合同有效
C. 合同效力待定　　　　　　D. 合同可撤销

16.（单选题）下列各项中，适用民事诉讼简易程序的案件是（　　）。

A. 有多名原告的　　　　　　B. 起诉时被告在国外的
C. 发回重审的　　　　　　　D. 涉及国家利益、社会公共利益的

17.（单选题）根据民事诉讼法律制度的规定，下列关于诉讼时效期间的说法中，正确的是（　　）。

A. 当事人未提出诉讼时效抗辩，人民法院应对诉讼时效问题进行释明及主动适用诉讼时效的规定进行裁判
B. 当事人在一审期间未提出诉讼时效抗辩，在二审期间基于新的证据提出的，人民法院不予支持
C. 当事人未按照规定提出诉讼时效抗辩，却以诉讼时效期间届满为由申请再审或者提出再审抗辩的，人民法院不予支持
D. 诉讼时效期间届满权利人的实体权利并不消灭，债务人自愿履行的，不受诉讼时效限制，但当事人自愿履行义务后以诉讼时效期间届满为由抗辩的，人民法院应予支持

18.（单选题）下列行政复议与行政诉讼的关系，表述不正确的是（　　）。

A. 甲企业对税务机关对其逃税行为罚款的处罚决定不服，既可以选择申请行政复议，也可以直接向人民法院提起诉讼
B. 乙公司认为行政机关的具体行政行为侵犯其已经依法取得的建设用地使用权，应当先申请行政复议；对行政复议决定不服的，可以依法向人民法院提起行政诉讼
C. 丙企业对本省政府征收土地的决定不服，只可申请复议不可提起行政诉讼
D. 行政相对人具体行政行为引发的经济纠纷，行政相对人具有可复议可诉讼的选择权

19.（单选题）根据行政诉讼法律制度的规定，下列有关行政诉讼被告的表述中，不正

确的是（　　）。

A. 经复议的案件，复议机关是被告

B. 两个以上行政机关作出同一行政行为的，共同作出行政行为的行政机关是共同被告

C. 行政机关委托的组织所作的行政行为，委托的行政机关是被告

D. 行政机关具有法定职权而不实施具体行政行为，该机关具有被告资格

20. （多选题）下列法律行为的表述中，正确的有（　　）。

A. 民事法律行为部分无效的，不影响其他部分的效力

B. 无效的法律行为，自始无效

C. 可撤销法律行为被撤销前，其效力已经发生，是有效的法律行为

D. 可撤销法律行为被依法撤销后，自撤销之日起法律行为无效

21. （多选题）下列各项中，属于委托代理终止的法定情形有（　　）。

A. 代理人丧失民事行为能力

B. 代理人死亡

C. 被代理人取得民事行为能力

D. 被代理人死亡前已经实施，为了被代理人的继承人的利益继续代理

22. （多选题）根据民事诉讼法律制度的规定，下列关于法院调解的表述中，正确的有（　　）。

A. 人民法院调解只适用于简易程序审理的案件

B. 人民法院调解是审理各类民事纠纷案件的必经程序

C. 人民法院调解是审理民事纠纷的结案方式

D. 人民法院调解是以当事人自愿为原则

23. （多选题）根据行政复议法律制度的规定，下列各项中，可以作为行政复议参加人的有（　　）。

A. 申请人   B. 被申请人

C. 第三人   D. 被申请人上一级主管部门

24. （判断题）根据《民法典》的规定，保证合同、融资租赁合同、抵押合同应当采用书面形式，是要式法律行为。（　　）

25. （判断题）根据民事诉讼法律制度的规定，人民法院审理民事案件，除涉及国家秘密、个人隐私及商业秘密或者法律另有规定的以外，应当公开进行。离婚案件，当事人申请不公开审理的，可以不公开审理。（　　）

刷易错

26. （单选题）孙某与赵某约定，赵某若于年内结婚，孙某将把其名下一套房屋借给赵某使用 1 年。该约定的性质是（　　）。

A. 附期限的法律行为   B. 附条件的法律行为
C. 单方法律行为   D. 不属于法律行为

27.（单选题）根据《民法典》的规定，下列关于撤销权行使期限的说法中，正确的是（   ）。
   A. 显失公平当事人的撤销权自知道或者应当知道撤销事由之日起1年内行使
   B. 重大误解当事人的撤销权自知道或者应当知道撤销事由之日起1年内行使
   C. 受胁迫当事人的撤销权自知道或者应当知道撤销事由之日起1年内行使
   D. 当事人自民事法律行为发生之日起1年内没有行使撤销权的，撤销权消灭

28.（单选题）2022年3月1日张某将房屋出租给李某，因张某的儿子高考还要住4个月，遂在双方签订的房屋租赁合同中约定，当年张某的儿子高考结束后租赁合同开始，租期3年，则下列关于该租赁合同的表述中正确的是（   ）。
   A. 附生效期限的合同   B. 附失效期限的合同
   C. 附生效条件的合同   D. 附失效条件的合同

29.（单选题）下列关于代理的表述，不正确的是（   ）。
   A. 代理人不得与他人恶意串通损害被代理人利益
   B. 代理人不得利用代理权谋取私利
   C. 代理人不得以被代理人的名义与自己同时代理的其他人实施民事法律行为
   D. 代理人不得以代理人的名义与自己实施民事法律行为，但是被代理人同意或者追认的除外

30.（单选题）根据民事诉讼法律制度的规定，下列民事诉讼案件中，适用专属管辖的是（   ）。
   A. 因继承遗产纠纷提起的诉讼   B. 因买卖合同货款纠纷提起的诉讼
   C. 因票据纠纷提起的诉讼   D. 因侵权行为纠纷提起的诉讼

31.（单选题）根据民事诉讼时效法律制度的规定，下列表述中，正确的是（   ）。
   A. 诉讼时效期间自权利人知道或者应当知道权利受到损害之日起计算
   B. 当事人未提出诉讼时效抗辩，人民法院应当对诉讼时效问题进行善意释明
   C. 诉讼时效期间届满时，债务人获得抗辩权，债权人的实体权利并不消灭
   D. 诉讼时效中止是指诉讼时效期间因法定事由使已经经过的时效期间归于无效，诉讼时效期间重新计算

32.（单选题）根据《行政诉讼法》的规定，下列各项中，可以提起行政诉讼的是（   ）。
   A. 甲市部分市民认为市政府新颁布的新冠疫情防控管理政策侵犯了他们的合法权益
   B. 某税务局工作人员吴某认为税务局对其作出的记过处分违法
   C. 李某认为某交通部门对其罚款的处罚决定违法
   D. 张某认为劳动争议仲裁机构的裁决书侵犯了其合法权益

33.（多选题）下列各项中，属于可撤销民事法律行为的有（   ）。
   A. 赵某误以为钱某的榆木家具为花梨木家具而花高价购买

B. 孙某受李某欺诈与其签订了房屋租赁合同

C. 周某受吴某胁迫与其签订了房屋买卖合同

D. 郑某与限制民事行为能力人小王签订了手机买卖合同

34. （多选题）下列关于诉讼时效起算的说法中，错误的有（　　）。

A. 不作为义务之债的诉讼时效，自债权人知道或者应当知道债务人作为之时开始计算

B. 对于人身伤害损害赔偿的诉讼时效期间，一律从受伤之日起算

C. 对于债务分期履行的诉讼时效期间，自每个履行期限届满之日起算

D. 无民事行为能力人对其法定代理人的请求权的诉讼时效，自受害人年满18周岁之日起算

35. （多选题）下列各项中属于行政诉讼特有原则的有（　　）。

A. 被告负举证责任原则　　　　　　B. 行政行为合法性审查原则

C. 不适用调解原则　　　　　　　　D. 不停止行政行为执行原则

36. （判断题）行为人超越代理权实施代理行为，相对人有理由相信行为人有代理权的，代理行为有效。（　　）

37. （判断题）仲裁裁决书自送达之日起发生法律效力。（　　）

38. （判断题）两审终审制度是指所有民事诉讼案件都需经过审判制度。（　　）

刷通关

39. （单选题）法律行为的核心要素是（　　）。

A. 行为人的行为能力　　　　　　　B. 行为人的意思表示

C. 法律行为的书面形式　　　　　　D. 法律行为的公证形式

40. （单选题）根据《民法典》的规定，下列关于民事行为能力的表述中，不正确的是（　　）。

A. 6周岁的赵某将其家中价值2 000元的玩具赠与同学的行为无效

B. 10周岁的孙某接受其父亲同事赠与的200元红包，必须征得孙某法定代理人的同意

C. 12周岁的李某单独购买价格为10元的练习册的法律行为有效

D. 25周岁的钱某不能辨认自己的行为，用价值5 000元的手机换取1颗棒棒糖的法律行为无效

41. （单选题）甲是乙公司采购员，已离职。丙公司是乙公司的客户，已被告知甲离职的事实，但当甲持乙公司盖章的空白合同书，以乙公司名义与丙公司洽购100吨白糖时，丙公司仍与其签订了买卖合同。有关本案的下列说法中，正确的是（　　）。

A. 甲的行为构成无权代理，合同效力待定

B. 甲的行为构成表见代理，丙公司有权主张合同有效

C. 丙公司有权在乙公司追认合同之前，行使撤销权

D. 丙公司可以催告乙公司追认合同，如乙公司在 30 日内未作表示，合同有效

42. （单选题）下列适用经济仲裁解决的经济纠纷是（　　）。

A. 财产继承纠纷

B. 请求支付劳动报酬纠纷

C. 产品质量纠纷

D. 不服当地政府有关部门收回土地使用权的纠纷

43. （单选题）与合议制度相对应的是独任制度。下列关于独任制度的表述中，不符合民事诉讼法律制度规定的是（　　）。

A. 涉及群体纠纷，可能影响社会稳定的案件不适用审判员一人独任审理

B. 第二审民事案件不适用审判员一人独任审理

C. 简易程序由审判员一人独任审理

D. 事实清楚、权利义务关系明确、争议不大的限额内的小额诉讼，当事人可以约定适用一人独任审理

44. （单选题）下列各项中，不适用诉讼时效的是（　　）。

A. 请求支付房屋租金　　　　　　　B. 请求支付劳动报酬

C. 人身伤害赔偿请求权　　　　　　D. 请求支付银行存款的本金和利息

45. （单选题）甲公司的经营范围包括制造加工高炉矿渣微粉，仿古青砖等生产、经营活动。2022 年 9 月，有信访反映甲公司生产时扬尘严重，影响当地民众的日常生活，据此当地政府环保部门对甲公司作出立即停止生产的处罚，甲公司不服。下列甲公司的解决途径中，正确的是（　　）。

A. 可以申请经济仲裁　　　　　　　B. 可以提起民事诉讼

C. 可以申请行政复议　　　　　　　D. 可以和政府环保部门协商

46. （多选题）2022 年 3 月 1 日，苏某在某网站上购买了一部手机，商家宣传该手机为国行全新正品手机。2022 年 4 月 20 日，苏某拆封后发现该手机为返修机，便与商家协商退货。商家再三推诿，而苏某由于工作繁忙，直至 2023 年 4 月 1 日方才向法院起诉请求撤销该合同。下列说法中不正确的有（　　）。

A. 苏某的请求法院不予支持

B. 法院可主动对该合同的撤销进行干预

C. 该合同在撤销前已经生效，未经撤销，其效力不消灭

D. 该合同应当在行为发生之日起一年内进行撤销

47. （多选题）下列各项中，会导致仲裁协议无效的有（　　）。

A. 采取胁迫手段订立的仲裁协议

B. 合同解除后仲裁协议无效的

C. 无民事行为能力人订立的仲裁协议

D. 未约定仲裁机构事后不能达成补充协议

48. （多选题）甲企业得知竞争对手乙企业在 M 地的营销策略将会进行重大调整，于

是到乙企业设在 N 地的分部窃取乙企业内部机密文件，随之采取相应对策，给乙企业在 M 地的营销造成重大损失，乙企业经过调查掌握了甲企业的侵权证据，拟向法院提起诉讼，其可以选择提起诉讼的法院有（　　）。

A. 甲企业住所地法院　　　　　　B. 乙企业住所地法院

C. M 地法院　　　　　　　　　　D. N 地法院

49. （多选题）下列关于行政复议的说法中，正确的有（　　）。

A. 行政复议可以书面申请也可以口头申请

B. 对不符合法律规定的行政复议申请，决定不受理，并口头告知申请人

C. 行政复议机关可以向申请人收取一定的费用

D. 行政复议决定书一经送达即发生法律效力

50. （判断题）意思表示为法律行为的一般生效要件。（　　）

51. （判断题）民事诉讼适用调解制度；行政诉讼一般不适用调解制度。（　　）

第二章　公司法律制度

刷基础

52. （单选题）关于公司设立分公司和子公司，下列说法正确的是（　　）。

    A. 分公司和子公司都不具备法人资格

    B. 分公司具备法人资格，子公司不具备法人资格

    C. 分公司不具备法人资格，子公司具备法人资格

    D. 分公司和子公司都具备法人资格

53. （单选题）张三、李四、王五共同出资设立甲有限责任公司（以下简称甲公司）。股东王五以房屋出资，房屋经评估1 000万元，已经办理了权属变更手续，公司章程和股东之间的协议未对出资事项作特别约定。公司设立后，赵六加入甲公司。之后王五出资的房屋因市场原因贬值，经评估价值为850万元，赵六要求王五承担补足出资责任，下列说法中正确的是（　　）。

    A. 王五应承担补足出资责任　　　　B. 张三李四承担连带责任

    C. 王五不承担补足出资责任　　　　D. 张三李四承担补充责任

54. （单选题）甲有限责任公司的股东会拟对公司为控股股东王某提供担保事项进行表决。下列有关该事项表决通过的表述中，符合公司法律制度规定的是（　　）。

    A. 该项表决由公司全体股东所持表决权的过半数通过

    B. 该项表决由出席会议的股东所持表决权的过半数通过

    C. 该项表决由除王某以外的股东所持表决权的过半数通过

    D. 该项表决由出席会议的除王某以外的股东所持表决权的过半数通过

55. （单选题）甲、乙、丙三家有限责任公司联合清华大学科技精英张博士、王博士2人拟以发起设立方式共同出资设立以研发芯片技术为核心的股份有限公司。公司的注册资本总额拟为8 000万元。根据《公司法》规定，下列关于该公司设立的说法中，正确的是（　　）。

    A. 注册资本为在公司登记机关登记的全体发起人认购的股本总额

    B. 在发起人认购的股份缴足前，不得向他人募集股份

    C. 发起人应当在股款缴足之日起30日内主持召开公司创立大会

    D. 发起人中至少要有2人在中国境内有住所

56. （单选题）甲有限责任公司的股东乙起诉公司请求分配利润。该公司另一股东丙得知后，在一审法庭辩论终结前，基于同一分配方案也提出分配利润的请求并申请参

加诉讼。根据公司法律制度的规定，丙在本案中的诉讼地位是（　　）。

A. 共同原告
B. 共同被告
C. 无独立请求权的第三人
D. 有独立请求权的第三人

57.（单选题）根据公司法律制度的规定，在公司章程对临时股东会会议召开未作特别规定时，股份有限公司发生的下列情形中，应当在 2 个月内召开临时股东会会议的是（　　）。

A. 甲股份有限公司章程规定董事人数为 7 人，现实有董事 5 人
B. 乙股份有限公司实收股本总额为 6 000 万元，目前未弥补的亏损为 1 600 万元
C. 持有丙股份有限公司 12% 股份的股东提议召开临时股东会会议
D. 股份有限公司监事提议召开临时股东会会议

58.（单选题）下列关于公司利润分配顺序的说法中，正确的是（　　）。

A. ①提取法定公积金②提取任意公积金③向股东分配利润
B. ①提取任意公积金②向股东分配利润③提取法定公积金
C. ①提取法定公积金②向股东分配利润③提取任意公积金
D. ①提取任意公积金②提取法定公积金③向股东分配利润

59.（多选题）认定构成公司人格和股东人格混同应当综合考虑的因素有（　　）。

A. 股东无偿使用公司资金或者财产，不作财务记载的
B. 股东用公司的资金偿还股东的债务，不作财务记载的
C. 公司账簿与股东账簿不分，致使公司财产与股东财产无法区分的
D. 公司的财产记载于股东名下，由股东占有、使用的

60.（多选题）根据公司法律制度的规定，下列表述不正确的有（　　）。

A. 全体股东认缴的出资额由股东按照公司章程的规定自公司成立之日起 10 年内缴足
B. 股东可以用劳务出资
C. 股份有限公司成立后，发现作为设立公司出资的非货币财产的实际价额显著低于公司章程所定价额的，应当由交付该出资的发起人补足其差额，公司的其他发起人承担连带责任
D. 股东缴足公司章程规定的出资后，由全体股东指定的代表或者共同委托的代理人向公司登记机关申请设立登记

61.（多选题）下列关于成立大会的表述中，符合《公司法》规定的有（　　）。

A. 发起人应当在股款缴足之日起 30 日内主持召开公司成立大会
B. 发起人未按期召开成立大会的，认股人可以按照所缴股款并加算银行同期存款利息，要求公司返还
C. 成立大会应有代表股份总数 2/3 以上的发起人、认股人出席，方可举行
D. 成立大会对通过公司章程作出决议，必须经出席会议的认股人所持表决权过半数通过

62.（多选题）公司发生下列事由，致使公司经营管理发生严重困难，可以提起解散公

司诉讼的有（ ）。

A. 公司持续 2 年以上无法召开股东会

B. 股东表决时无法达到法定或者公司章程规定的比例，持续 2 年以上不能作出有效的股东会决议

C. 公司董事长期冲突，且无法通过股东会解决

D. 公司连续 2 年以上亏损的

63.（判断题）甲有限责任公司的董事长乙在任职期间因车祸导致成为植物人，对此变化甲有限责任公司应当向登记机关申请备案登记。（   ）

64.（判断题）股份有限公司的设立，只能采取募集设立方式。（   ）

65.（简答题）2019 年 8 月 1 日，陈某、魏某、刘某、孙某共同出资设立甲有限责任公司（以下简称甲公司）。该公司注册资本为 100 万元，四人的持股比例分别为 10%，20%，30% 和 40%。陈某和孙某均以货币足额缴纳出资额，魏某认缴出资额 20 万元，根据公司章程规定，出资额应于 2020 年 8 月 1 日之前清缴。刘某伪造出资评估报告，以其所有的一台设备作价出资 30 万元。后经评估机构评估，该设备在评估当日市场价值为 10 万元。2023 年 1 月 5 日，由于多次催缴魏某在合理期限内仍未缴纳出资额，甲公司股东会作出解除魏某股东资格的决议。魏某向人民法院提起诉讼，要求确认该解除行为无效。陈某亦向人民法院提起诉讼，要求魏某承担违约责任。2023 年 6 月 10 日，甲公司出现经营危机，无力向乙公司支付 40 万元货款。甲公司请求刘某补足欠缴出资额差额 20 万元，刘某无力承担。甲公司遂向陈某、孙某请求就该 20 万元承担连带责任。

要求：根据以上资料结合相关法律制度的规定，回答下列问题。

（1）法院是否应该支持魏某的请求？说明理由。

（2）陈某是否有权请求魏某承担违约责任？说明理由。

（3）甲公司是否有权请求陈某、孙某就该 20 万元承担连带责任？说明理由。

66.（综合题）A 股份有限公司（以下简称 A 公司）由发起人甲国有独资公司（以下简称甲公司）、乙企业、丙企业、自然人张某共同投资发起设立。2019 年 1 月领取企业法人营业执照。甲公司的副董事长李某担任 A 公司董事长。2021 年初，A 公司股东与公司董事会就公司发展方向不能达成共识，为此 2021 年 2 月有 4 名董事辞职，其中包括一名公司职工代表。A 公司公司章程规定公司董事会成员 9 名。

2021 年 3 月，A 公司决定召开临时股东会增选 4 名董事。临时股东会会议召开 10 日前董事会通知了各股东，并公告了会议召开的时间、地点和审议事项。

2021 年 8 月 A 公司与 B 上市公司（以下简称 B 公司）达成股份转让协议，A 公司受让 B 公司 7% 的有表决权的股份，并在达成协议之日起 3 日内编制了权益变动报告书，向中国证监会、证券交易所提交了书面报告，并予公告。

2022 年 3 月，发起人股东张某成功移民海外，在未征得其他股东同意的情况下将其持有的 A 公司股份转让给同学赵某。

要求：根据以上资料结合相关法律制度的规定，回答下列问题。

（1）甲公司的副董事长李某担任 A 公司董事长是否符合法律规定？说明理由。

（2）A 公司召开临时股东会在时间程序上是否符合法律规定？

（3）A 公司临时股东会讨论公司董事增补是否存在不符合法律规定之处？分别说明理由。

（4）A 公司与 B 公司协议收购的信息披露是否符合法律规定？说明理由。

（5）发起人股东张某是否有权转让其股份？发起人股东张某转让股份是否需要征得其他发起人股东过半数的同意？发起人股东张某转让股份的方式，法律是如何规定的？分别予以说明。

刷提高

67. （单选题）甲、乙、丙、丁共同投资设立有限责任公司。公司章程对股东出资作如下约定，不正确的是（　　）。

A. 甲用机器设备出资，由股东协商评估作价后搬入公司经营场地

B. 乙用商标权出资，无须评估直接办理转移手续

C. 丙用 1 000 万人民币出资，公司成立时缴付 600 万元，剩余的在公司成立 6 个月后再缴付

D. 丁用房屋出资，经法定评估事务所评估后，办理转移手续

68. （单选题）下列关于股份有限公司设立条件的表述中，正确的是（　　）。

A. 只有中国公民才可以作为设立股份有限公司的发起人

B. 设立股份有限公司，应当有 1 人以上 200 人以下为发起人

C. 采取发起方式设立的，注册资本为在公司登记机关登记的实收股本总额

D. 采取募集方式设立的，注册资本为在公司登记机关登记的全体发起人认购的股本总额

69. （单选题）下列不属于股东共益权的是（　　）。

A. 知情权　　　　　　　　　　　B. 提案权

C. 表决权　　　　　　　　　　　D. 股利分配请求权

70. （单选题）甲公司吸收合并乙公司，乙公司解散。下列关于乙公司注销的表述中，说法正确的是（　　）。

A. 乙公司需要进行清算，然后再进行注销登记

B. 乙公司不必进行清算，但是要注销登记

C. 乙公司不必进行清算，也不必办理注销登记

D. 乙公司需要进行清算，不必办理注销登记

71. （单选题）某股份有限公司于 2020 年 3 月 7 日首次公开发行股份并在上海证券交易所上市交易。2020 年 4 月 8 日，该公司召开股东会，拟审议的有关董事、高级管理人员（以下简称高管）持股事项的议案中包含下列内容，符合公司法律制度

规定的是（　　）。

A. 董事、高管离职后半年内，不得转让其所持有的本公司股份

B. 董事、高管在任职期间，每年转让的股份不得超过其所持本公司股份总数的50%

C. 董事、高管持有的本公司股份，自决议通过之日起3个月后可以内部自由转让

D. 董事、高管持有的本公司股份，自决议通过之日起6个月后可以对外自由转让

72. （单选题）甲、乙、丙三人共同设立 A 有限责任公司，出资比例分别为 65%、27%、8%。自 2021 年初，持续的新冠疫情导致公司的生产经营遇挫，股东之间对是否继续经营各执己见，不能达成任何有效决议，股东利益受到严重损害。2022 年底甲股东提出解散公司。根据公司法律制度的规定，下列说法中正确的是（　　）。

A. 只有控股股东甲可以向人民法院请求解散公司

B. 甲和乙可以向人民法院请求解散公司

C. 甲、乙、丙中任何一人都可向人民法院请求解散公司

D. 不能解散公司，可以通过转让股权等方式解决僵局

73. （多选题）下列公司法人财产权的表述中正确的有（　　）。

A. 公司可以向其他企业投资，但是不得向普通合伙企业投资

B. 公司向其他企业投资的，不得超过公司章程对投资总额及单项投资限额规定

C. 公司为他人提供担保的，不得超过公司章程对担保的总额及担保的数额的限制规定

D. 公司为公司股东或者实际控制人提供担保的，必须经股东会或者董事会表决通过

74. （多选题）甲公司设立筹备期间，股东黄某以自己的名义与乙企业订立房屋租赁合同。根据公司法律制度的规定，下列关于房屋租赁合同的表述中，正确的有（　　）。

A. 若甲公司未能成立，乙企业有权请求黄某承担合同义务

B. 若甲公司成立，乙企业有权请求黄某承担合同义务

C. 甲公司一经成立，乙企业有权请求甲公司承担合同义务

D. 甲公司成立后，对租赁合同明确表示承认后，乙企业有权请求甲公司承担合同义务

75. （多选题）根据公司法律制度的规定，下列属于公司董事、监事和高级管理人员违反忠实义务的行为有（　　）。

A. 将公司资金以其个人名义或者以其他个人名义开立账户存储

B. 违反公司章程的规定，未经股东会、股东大会或者董事会同意，将公司资金借贷给他人或者以公司财产为他人提供担保

C. 违反公司章程的规定，与本公司订立合同或者进行交易

D. 违反公司章程的规定，利用职务便利为自己或者他人谋取属于公司的商业机会，自营或者为他人经营与所任职公司同类的业务

76. （判断题）股份有限公司采取募集方式设立的，注册资本为在公司登记机关登记的实收股本总额。（   ）

77. （判断题）股份有限公司的股东会应当对所议事项的决定作成会议记录，主持人、出席会议的董事、监事应当在会议记录上签名。（   ）

78. （简答题）甲、乙、丙和丁共同设立了 A 有限责任公司（以下简称 A 公司），公司注册资本人民币 3 000 万元。其中甲股东以房屋作价 1 000 万元出资，经法定评估机构评估后将房屋过户于公司名下；乙股东以机器设备作价 800 万元，经评估后搬至公司经营地；丙股东以专利权作价 200 万元出资，经评估后交付公司使用，但未办理财产权的转移手续。丁股东以现金 700 万元和劳务作价 300 万元出资。

    经全体股东通过的公司章程约定，公司不设董事会，由丁股东担任执行董事；不设监事会，由甲股东担任监事。

    要求：根据上述资料和《公司法》的相关规定，回答下列问题。

    （1）A 公司股东出资是否符合法律规定？简要说明理由。

    （2）A 公司的丙股东是否具有股东资格？简要说明理由。

    （3）A 公司公司章程不设立董事会和监事会的约定是否符合法律规定？简要说明理由。

79. （综合题）甲股份有限公司于 2023 年 3 月 12 日召开董事会会议，该次会议召开情况及讨论的有关问题如下：公司董事会由 7 名董事组成。出席该次会议的董事有张某、田某、孙某、何某 4 人；董事刘某、李某、肖某 3 人因事不能出席会议，其中，刘某电话委托董事张某代为出席会议并表决，肖某委托董事会秘书蔡某代为出席会议并表决。根据总经理提名，出席本次会议的董事讨论并一致同意，聘任郭某为公司财务负责人，并决定给予郭某年薪 10 万元；董事会会议还讨论通过了公司内部机构设置的方案，表决时，董事田某反对，其他董事表示同意。该次董事会会议记录，由出席董事会会议的全体董事和列席会议的监事签名后存档。

    要求：根据上述资料和《公司法》的相关规定，回答下列问题。

    （1）出席该次董事会会议的董事人数是否符合规定？董事刘某、肖某委托他人出席该次董事会会议是否有效？请分别说明理由。

    （2）董事会通过的聘任公司财务负责人和公司内部机构设置方案两项决议是否符合规定？请分别说明理由。

    （3）指出董事会会议记录签名和存档中的不规范之处，并说明理由。

刷易错

80. （单选题）张三、李四、王五投资设立甲投资咨询有限责任公司（以下简称甲公司），张三、李四各以现金 50 万元出资，王五以价值 20 万元的办公设备出资。张三任公司董事长，李四任公司总经理。根据公司法律制度的相关规定，公司成立后，股东的下列行为中，构成抽逃出资的是（　　）。

A. 张三在公司成立时未足额缴纳出资

B. 李四以公司总经理身份，与自己所控制的另一公司签订设备购置合同，将 15 万元的设备款虚报成 65 万元，并已由甲公司实际转账支付

C. 王五擅自将甲公司的笔记本电脑拿回家

D. 经会计师事务所审计发现，王五出资的办公设备仅价值 12 万元

81. （单选题）根据公司法律制度的规定，有限责任公司作出的下列决议中，无效的是（　　）。

A. 股东会的决议内容违反法律

B. 股东会的会议表决方式违反公司章程

C. 董事会的决议内容违反公司章程

D. 董事会的会议召集程序违反法律

82. （单选题）甲代乙持有丙有限责任公司（以下简称丙公司）股权。根据公司法律制度的规定，下列表述不符合法律规定的是（　　）。

A. 若双方约定由乙享有公司投资权益，只要不存在无效合同的情形，该约定有效

B. 若乙想恢复股东身份，应经过公司其他股东过半数同意

C. 甲对丙公司债务有承担补充赔偿责任的义务

D. 若甲将其名下公司股权转让他人，乙可以主张该转让无效

83. （单选题）甲有限责任公司的股东徐某欲向公司股东以外的张某转让其股权，公司章程对股东转让股权未作相关规定。对此下列表述不正确的是（　　）。

A. 徐某应书面通知其他股东征求同意

B. 书面通知应当写明股权转让的数量、价格、支付方式和期限等事项

C. 其他股东在同等条件下有优先购买权

D. 股东自接到书面通知之日起 60 日内未答复的，视为放弃优先购买权

84. （单选题）下列关于有限责任公司股东出资方式的表述中，符合公司法律制度规定的是（　　）。

A. 甲以设定抵押的财产作价出资

B. 乙以劳务作价出资

C. 丙以特许经营权作价出资

D. 丁以专利权作价出资

85. （单选题）根据公司法律制度的规定，下列关于股份有限公司股份转让限制的表述中，正确的是（　　）。

A. 公司收购自身股份奖励给职工的，所收购的股份应当在 2 年内转让给职工

B. 发起人持有的本公司股份，自公司成立之日起 1 年内不得转让

C. 公司监事在任职期间每年转让的股份，不得超过其持有的本公司股份总数的 20%

D. 公司董事所持有的本公司股份，自公司股票上市交易之日起 3 年内不得转让

86. （多选题）甲有限责任公司（以下简称甲公司）乙股东请求查阅公司账簿。根据公司法律制度的相关规定，下列表述中，符合法律规定的有（　　）。

A. 乙股东应当向甲公司书面提出查阅公司账簿的请求

B. 甲公司不得拒绝乙股东查阅公司账簿

C. 甲公司认为乙股东查阅公司账簿是为了向他人通报有关信息，可能损害甲公司合法利益的，可以拒绝提供查阅

D. 乙股东查阅公司账簿后泄露公司商业秘密导致公司合法权益受到损害的，甲公司可以提起损害赔偿的民事诉讼

87. （多选题）根据公司法律制度的规定，下列选项中，不符合《公司法》规定的有（　　）。

A. 担任因违法被吊销营业执照、责令关闭的公司的董事，并负有个人责任的，自该公司被吊销营业执照之日 3 年内不能担任其他公司董事

B. 有限责任公司的法定代表人可以是董事长、执行董事或者经理

C. 公司高级管理人员未经公司章程授权，不得自营或者为他人经营与所任职公司同类的业务

D. 公司的董事、高级管理人员，未经履行出资人职责的机构同意，不得在其他公司或者其他经济组织兼职

88. （多选题）2022 年 5 月，甲上市公司为了维护公司价值及股东权益，经股东会授权，董事会会议拟决议依法收购本公司股份。下列关于本次收购的表述中，正确的有（　　）。

A. 甲上市公司应当将本次收购的股份在 3 年内转让或注销

B. 须经 2/3 以上董事出席的董事会会议决议

C. 甲上市公司合计持有的本公司股份数最大份额可以达到本公司已发行股份总额的 15%

D. 甲上市公司应当通过公开的集中交易方式完成本次收购

89. （判断题）甲公司控股股东为逃避公司债务，解散原公司，又以原公司场所、设备、人员另设乙公司，严重损害公司债权人利益，应当由新设的乙公司对原公司债务承担连带责任。（　　）

90. （简答题）甲上市公司 2021 年 8 月 15 日召开董事会会议。公司董事会成员 13 人，出席会议的董事 8 人。此次董事会会议讨论了如下议题：

（1）出席本次董事会会议的董事讨论并一致作出决定，于 2022 年 7 月 8 日举行甲上市公司 2021 年度股东会年会，除例行提交有关事项由该次股东会年会审议通过外，还将就下列事项提交该次会议以普通决议审议通过，即：增加 2 名独立董事；修改公司章程。

（2）根据总经理的提名，出席本次董事会会议的董事讨论并一致同意，聘任乙为公司销售负责人，并决定给予乙年薪 100 万元；董事会会议讨论通过了增设公司内

部机构的方案，该项表决时，有 2 名董事反对，其他董事均表示同意。

（3）该次董事会会议记录，由出席董事会会议的全体董事和列席会议的监事签名后存档。

要求：根据上述资料和公司法律制度的规定，分别回答下列问题。

（1）董事会议题（1）的决定是否符合法律规定？简要说明理由。

（2）董事会议题（2）的决定是否符合法律规定？简要说明理由。

（3）董事会会议记录是否需要所有到会人员签名？

刷通关

91. （单选题）甲有限责任公司股东的下列非货币财务中，不能用作出资的是（　　）。

    A. 某医美特许经营权
    B. 非专利技术
    C. 新能源汽车
    D. 商标权

92. （单选题）王某代李某持有甲有限责任公司（以下简称甲公司）的股权，其他股东均不知情。甲公司章程对股权转让未作特别规定，王某将所持股权以合理价格全部转让给甲公司股东陈某，并办理了股权变更登记。下列关于该股权转让的表述中，正确的是（　　）。

    A. 王某无权转让股权
    B. 王某转让股权应征得甲公司股东过半数同意
    C. 李某有权主张该股权转让无效
    D. 陈某已合法取得该股权

93. （单选题）根据公司法律制度的规定，下列关于国有独资公司组织机构的表述中，不正确的是（　　）。

    A. 国有独资公司的董事长由国有资产监督管理机构从董事会成员中指定
    B. 国有独资公司设股东会，股东会成员由国有资产监督管理机构委派
    C. 国有独资公司监事会中的职工代表由公司职工代表大会选举产生
    D. 国有独资公司的经理由董事会聘任

94. （单选题）甲股份有限责任公司募集设立，在股款缴足后，经依法设立的验资机构验资并出具证明。公司发起人应当在股款缴足之日起（　　）日内主持召开公司创立大会。

    A. 15　　　　　　B. 30　　　　　　C. 45　　　　　　D. 60

95. （单选题）甲上市公司董事会拟提议 2022 年度股东会年会的召开日期。董事会提议的下列召开日期中，符合法律规定的是（　　）。

    A. 2023 年 6 月 15 日
    B. 2023 年 9 月 15 日
    C. 2023 年 7 月 15 日
    D. 2023 年 8 月 15 日

96. （单选题）下列属于股东直接诉讼的是（　　）。

A. 公司经理挪用公司资金借贷给他人，给公司造成损失

B. 公司董事会秘书接受他人与公司交易的佣金归为己有，损害公司利益

C. 公司财务总监擅自披露公司秘密，给公司造成损失

D. 公司财务负责人违反公司章程，给股东造成损失

97. （单选题）公司合并或分立均应通知债权人。公司应当自作出合并或分立决议之日起（　　）通知债权人，并于（　　）在报纸上公告。

A. 10 日内，30 日内　　　　　　　　B. 10 日内，60 日内

C. 15 日内，30 日后　　　　　　　　D. 15 日内，45 日后

98. （多选题）甲有限责任公司为扩展业务在外地设立乙分公司，下列关于乙分公司法律资格的表述中，正确的有（　　）。

A. 乙分公司可以领取营业执照

B. 乙分公司没有独立的财产

C. 乙分公司可以有独立的公司章程

D. 乙分公司不能独立承担民事责任

99. （多选题）下列关于公司设立登记的说法中，正确的有（　　）。

A. 电子营业执照与纸质营业执照有同等法律效力

B. 营业执照的签发日期为公司的成立日期

C. 营业执照正本和副本具有同等法律效力

D. 设立分支机构，应当向总公司所在地的登记机关申请登记

100. （多选题）根据公司法律制度的规定，除公司章程另有规定外，下列情形中，股份有限公司应当在 2 个月内召开临时股东大会的有（　　）。

A. 公司未弥补的亏损达全体股东认缴出资金额的 10% 时

B. 单独或者合计持有公司 10% 以上股份的股东请求时

C. 监事会提议召开时

D. 董事会认为必要时

101. （多选题）甲股份有限公司召开董事会，下列各项中，符合公司法律制度规定的有（　　）。

A. 董事长张某因故不能出席会议，会议总经理孙某主持

B. 通过了免除赵某的财务负责人职务的决议

C. 通过了聘请董某担任公司财务负责人及其报酬的决议

D. 董事会对所议事项的决定作成会议记录，全体董事在会议记录上签名

102. （判断题）法定公积金转为资本时，所留存的该项公积金不得少于转增后公司注册资本的 25%。（　　）

103. （判断题）公司需要减少注册资本时，必须编制资产负债表及财产清单。（　　）

104. （简答题）甲有限责任公司（以下简称甲公司）由赵某、钱某、孙某和李某实缴出资，2018 年 9 月设立。四名股东平均持有股权。公司经营期间发生下列情况：

（1）2020 年 8 月股东赵某发现公司执行董事王某私自将公司资金借给其妻弟使

用，并从中收取好处费；赵某当即提出书面申请查阅公司账目。

（2）到2022年8月甲公司股东之间难以合作，连续两年无法召开股东会，公司经营发生严重困难，为此股东赵某提出解散公司的诉讼。

要求：根据上述资料和公司法律制度的规定，回答下列问题。

（1）甲公司执行董事王某的行为属于何种违法行为？应当如何处理？

（2）甲公司股东赵某申请查阅公司账目是否符合法律规定？简要说明理由。

（3）甲公司股东赵某是否有权提出解散公司的诉讼？简要说明理由。

第三章　合伙企业法律制度

刷基础

105. （单选题）根据合伙企业法律制度的规定，下列各项中，表述正确的是（　　）。
    A. 合伙企业的合伙人对企业债务承担无限责任
    B. 合伙企业只能是自然人投资设立
    C. 合伙企业是法人
    D. 有限合伙人以其认缴的出资额为限对合伙企业债务承担责任

106. （单选题）甲普通合伙企业有合伙人张某、李某、赵某、陈某。下列各个合伙人的提议，可以获得通过的是（　　）。
    A. 合伙人张某提议出卖自有设备给合伙企业，2个合伙人同意，1个合伙人不同意
    B. 合伙人李某提出退出合伙企业，2个合伙人同意，1个合伙人不同意
    C. 合伙人赵某提议变更合伙企业经营范围，2个合伙人同意，1个合伙人不同意
    D. 合伙人陈某提议装修合伙企业门店，2个合伙人同意，1个合伙人不同意

107. （单选题）2021年1月，自然人甲、乙、丙设立某普通合伙企业。合伙协议约定：甲、乙各出资30万元，丙出资90万元，均应于合伙企业成立之日起2年内缴清。合伙协议未约定利润分配事项。2023年3月，合伙企业拟分配上一年度经营利润，此时，甲、乙已完全履行出资义务，丙向合伙企业出资60万元，在甲、乙、丙未能就利润分配方案达成一致意见的情形下，下列关于此次利润应如何分配的表述中，正确的是（　　）。
    A. 甲、乙、丙应按1:1:2的比例分配
    B. 甲、乙、丙应按1:1:3的比例分配
    C. 甲、乙、丙应按认缴出资的比例分配
    D. 甲、乙、丙应按各自对合伙企业的贡献度分配

108. （单选题）甲、乙、丙三人共同出资设立一家普通合伙企业。甲因个人原因欠丁50万元借款，丁欠该合伙企业50万元。根据合伙企业法律制度的规定，下列表述中，不正确的是（　　）。
    A. 甲可以用其从企业分取的收益偿还对丁的借款
    B. 如果甲无力清偿丁的借款，丁可以请求人民法院强制执行甲在合伙企业的财产份额
    C. 丁可以以其对甲的债权抵销其对合伙企业的债务

D. 丁不得代位行使甲在合伙企业中的权利

109. （单选题）某普通合伙企业合伙人林某因执行合伙事务有不正当行为，经合伙人会议决议将其除名，林某接到除名通知后不服，诉至人民法院。根据合伙企业法律制度的规定，该合伙企业对林某除名的生效日期是（　　）。

A. 林某不正当行为发生之日

B. 除名决议作出之日

C. 林某接到除名通知之日

D. 林某诉讼请求被人民法院驳回之日

110. （多选题）甲有限合伙企业的下列合伙协议内容，正确的有（　　）。

A. 有限合伙人可以自行向外转让财产份额

B. 有限合伙人可以自营相关业务

C. 有限合伙人可以以企业财产份额出质

D. 有限合伙人可以对外代表企业

111. （多选题）根据合伙企业法律制度的规定，下列关于有限合伙企业设立和事务执行的表述中，不正确的有（　　）。

A. 有限合伙人可以用劳务出资

B. 有限合伙企业至少应当有一个普通合伙人

C. 有限合伙企业名称中应当标明"有限责任"字样

D. 有限合伙人有权代表合伙企业执行合伙事务

112. （多选题）某会计师事务所是特殊的普通合伙企业，李某为合伙人，李某在执业活动中造成合伙企业损失，有关责任承担的下列表述中，正确的有（　　）。

A. 李某造假引起合伙企业债务，由李某本人承担无限责任

B. 李某造假引起的合伙企业债务，合伙企业对外承担责任后，李某应当按照合伙协议的约定，赔偿合伙企业的损失

C. 李某造假引起的合伙企业债务，其他合伙人以其在合伙企业中的财产份额为限承担责任

D. 李某非故意或重大过失造成的企业债务，全体合伙人承担无限连带责任

113. （判断题）甲有限合伙企业2022年底对外负债50万元。2023年3月经全体合伙人一致同意，有限合伙人乙转为普通合伙人。2023年底合伙企业新增企业债务30万元。按照合伙协议的约定，乙合伙人对新增的30万元承担无限连带责任，对转变为普通合伙人之前的企业债务50万元以出资为限承担有限责任。（　　）

114. （判断题）在普通合伙企业中，由一个或数个合伙人执行合伙事务的，执行合伙事务所产生的费用和亏损由合伙企业承担。（　　）

115. （简答题）甲联合乙、丙、丁在2021年12月15日共同投资成立A餐厅，为有限合伙企业（以下简称A餐厅），甲、乙是普通合伙人，丙、丁是有限合伙人，合伙事务由甲、乙共同执行。A餐厅成立后，发生了下列事项：

（1）2022年12月1日，A餐厅向B银行借款80万元，丙以个人的进口轿车设定

抵押。

（2）2023 年 1 月 3 日，丁未通知其他合伙人，自行与戊达成意向，将丁在 A 餐厅的财产份额转让给戊；乙得知后提出强烈反对，并表示愿意以同等条件购买丁的财产份额。

（3）2023 年 12 月 5 日当地政府多部门联合检查时发现 A 餐厅的消防设备、消防通道和消防提示等多项内容不达标，当即要求 A 餐厅限期改正。到 2024 年 2 月 1 日消防部门再次检查时发现，甲企业未整改；随即政府相关检查部门对 A 餐厅作出了责令停业整顿及罚款的处罚。A 餐厅不服，申请行政复议。

要求：根据上述资料和合伙企业法律制度的规定，回答下列问题。

（1）有限合伙人丙为 A 餐厅向银行借款提供担保是否属于参与企业事务执行？简要说明理由。

（2）丁自行转让企业财产份额是否符合法律规定？乙主张同等条件下优先购买权是否有法律依据？简要说明理由。

（3）A 餐厅对政府有关部门责令停业整顿和罚款处罚是否可以申请行政复议？简要说明理由。

刷提高

116.（单选题）根据合伙企业法律制度的规定，下列关于普通合伙企业合伙人的表述中，正确的是（　　）。

A. 非法人组织不能成为合伙人

B. 国有企业不能成为合伙人

C. 限制民事行为能力的自然人可以成为合伙人

D. 公益性社会团体可以成为合伙人

117.（单选题）某普通合伙企业举行合伙人会议表决对外投资事项，但合伙协议对该事项的表决办法未作约定。根据合伙企业法律制度的规定，下列关于表决办法的表述中，正确的是（　　）。

A. 合伙人一人一票并经全体合伙人一致同意

B. 合伙人一人一票并经有表决权过半数的合伙人同意

C. 合伙人一人一票并经过半数合伙人同意

D. 合伙人一人一票并经 2/3 以上合伙人同意

118.（单选题）张某、李某、王某和赵某共同设立甲普通合伙企业（以下简称甲企业），下列关于甲企业事务执行的表述中，正确的是（　　）。

A. 若合伙协议约定由张某和李某执行合伙企业事务，张某对李某执行的事务提出异议时，不停止该项事务的执行

B. 若合伙协议约定由张某和李某执行合伙企业事务，王某和赵某不再执行合伙事务

    C. 若合伙协议未约定合伙事务执行人，则出资最少的张某无权对外代表合伙企业

    D. 若合伙协议约定由张某执行合伙企业事务，张某不按合伙协议执行事务，其他合伙人不得撤销对张某的委托

119. （单选题）根据合伙企业法律制度的规定，下列行为中，禁止由有限合伙人实施的是（   ）。

    A. 为本合伙企业提供担保

    B. 参与决定普通合伙人入伙

    C. 以合伙企业的名义对外签订买卖合同

    D. 对涉及自身利益的情况，查阅合伙企业的财务会计账簿

120. （单选题）根据合伙企业法律制度的规定，合伙企业解散清算时，企业财产首先应当清偿或支付的是（   ）。

    A. 所欠税款   B. 清算费用

    C. 所欠职工工资   D. 所欠银行借款

121. （多选题）甲是某普通合伙企业合伙人，因病身亡，其继承人只有乙。关于乙继承甲的合伙财产份额的下列表述中，符合《合伙企业法》规定的有（   ）。

    A. 乙可以要求退还甲在合伙企业的财产份额

    B. 乙只能要求退还甲在合伙企业的财产份额

    C. 乙因继承而当然成为合伙企业的合伙人

    D. 经其他合伙人同意，乙因继承而成为合伙企业的合伙人

122. （多选题）根据合伙企业法律制度的规定，甲有限合伙企业合伙协议的下列约定中，不正确的有（   ）。

    A. 普通合伙人以现金出资，有限合伙人以劳务出资

    B. 合伙企业成立后前三年的利润全部分配给普通合伙人

    C. 禁止有限合伙人向业务类似的其他企业投资

    D. 合伙企业由普通合伙人 1 人、有限合伙人 99 人组成

123. （多选题）下列各项中，属于有限合伙人法定退伙的情形有（   ）。

    A. 自然人合伙人丧失行为能力

    B. 个人丧失偿债能力

    C. 自然人合伙人死亡

    D. 合伙人企业资不抵债

124. （判断题）合伙人钱某因病死亡，其子女，从继承开始之日起，取得该合伙企业的合伙人资格。（   ）

125. （判断题）国有独资公司、国有企业、上市公司以及公益性的事业单位、社会团体不得成为有限合伙企业的合伙人。（   ）

126. （简答题）甲、乙、丙、丁、戊共同出资设立 A 普通合伙企业（以下简称 A 企业）。A 企业合伙协议约定，由甲负责企业的事务执行，对外代表 A 企业，但是涉及标的额 50 万元以上的交易，须经全体合伙人讨论决定。企业经营期间发生下

列事项：

（1）A 企业经营期间甲未征得企业其他合伙人的同意，以企业名义订立 100 万元的买卖合同。

（2）A 企业经营期间乙因车祸成为植物人，A 合伙企业按照当然退伙办理了结算。

（3）A 企业经营期间丁因移民国外，在合伙人微信群中告知：其在企业中的财产份额将全部转让给戊。

要求： 根据上述资料和合伙企业法律制度的规定，回答下列问题。

（1）甲以企业名义订立的 100 万元的买卖合同是否有效？简要说明理由。

（2）对乙因车祸成为植物人，A 合伙企业按当然退伙办理结算是否符合法律规定？简要说明理由。

（3）丁将其在企业中的财产份额转让给戊的行为是否符合法律规定？简要说明理由。

刷易错

127.（单选题）合伙企业登记事项发生变更的，执行合伙事务的合伙人应当自作出变更决定或者发生变更事由之日起（　　）日内，向企业登记机关申请办理变更登记。

A. 60   B. 45   C. 30   D. 15

128.（单选题）甲普通合伙企业（以下简称甲企业）对改变企业名称事项在合伙协议中未作约定。根据合伙企业法律制度的规定，甲企业举行合伙人会议针对改变企业名称事项表决的下列做法，正确的是（　　）。

A. 须经全体合伙人一致同意

B. 须持有过半数财产份额的合伙人同意

C. 须过半数合伙人同意

D. 须经 2/3 以上合伙人同意

129.（单选题）某普通合伙企业的合伙人孙某依法将其在合伙企业中的财产份额转让给非合伙人赵某。下列关于赵某取得合伙人资格的时间表述中，正确的是（　　）。

A. 与合伙人孙某签订财产份额转让合同之日

B. 与合伙人孙某签订财产份额转让合同且支付相应价款之日

C. 修改合伙协议，将赵某列为合伙人之日

D. 企业登记机关变更登记之日

130.（单选题）根据合伙企业法律制度，下列特殊的普通合伙企业表述不正确的是（　　）。

A. 应该建立执业风险基金，办理职业保险

B. 名称中应当标明"特殊普通合伙"字样

C. 合伙人对于合伙企业债务均应承担无限连带责任

D. 合伙人对于合伙企业债务是有限责任与无限连带责任相结合

131.（多选题）甲为某普通合伙企业的合伙人，2023 年 3 月甲以其在合伙企业中的财产份额出质，向乙公司借款；甲通过合伙人微信群将此事告知其他合伙人。根据合伙企业法律制度的规定，下列各项中，正确的有（　　）。

A. 甲的出质行为无效

B. 甲的出质行为有效

C. 可将甲作为退伙处理

D. 如果甲的出质行为给乙公司造成损失，由甲承担赔偿责任

132.（多选题）赵某与孙某出资设立某普通合伙企业，下列各项中，属于合伙企业财产的有（　　）。

A. 孙某认缴并全部实缴的出资

B. 合伙企业受赠的机器设备

C. 合伙企业尚未分配的利润

D. 赵某认缴未缴的出资

133.（多选题）张某、李某、王某和孙某共同设立甲普通合伙企业（以下简称甲企业），下列表述中，正确的有（　　）。

A. 若合伙协议中没有约定，也未经全体合伙人同意，孙某不得与甲企业交易

B. 王某为了解甲企业的财务状况，有权查阅甲企业会计账簿等财务资料

C. 若张某、李某、王某和孙某一致同意，甲企业可以聘任陈某担任经营管理人员

D. 若合伙协议约定全部利润分配给张某和李某，全部亏损由王某和孙某承担，该约定有效

134.（判断题）合伙企业依法被宣告破产的，普通合伙人对合伙企业债务不再承担清偿责任。（　　）

135.（判断题）普通合伙企业合伙协议未约定合伙期限的，在合伙企业存续期间，经全体合伙人一致同意，合伙人可以退伙，此情形为协议退伙情形之一。（　　）

136.（简答题）2021 年 1 月，张某、李某、钱某、黄某共同出资设立甲有限合伙企业（以下简称甲企业）。其中，张某、李某为普通合伙人，钱某、黄某为有限合伙人。李某负责执行合伙事务。企业合伙协议没有其他特别约定。

2021 年底，黄某向李某推荐其朋友开办的会计师事务所承办本企业的审计业务，称有价格优惠。李某以黄某是有限合伙人，不应参与企业事务执行为由拒绝。

2022 年 11 月钱某参与投资乙有限责任公司（以下简称乙公司），乙公司的业务领域与甲企业相同。张某认为钱某的投资行为违反了合伙人竞业禁止的规定，要求其退伙。

2023 年 3 月张某申请转为有限合伙人，黄某认为张某合伙人身份转换后，企业普通合伙人的人数达不到法律规定的 2 人以上，会影响企业的存续，因此不同意。

要求：根据上述资料和合伙企业法律制度的规定，回答下列问题。

（1）李某拒绝黄某的理由是否成立？简要说明理由。

（2）张某要求钱某退伙的理由是否成立？简要说明理由。

（3）黄某的说法是否符合法律规定？简要说明理由。

刷通关

137. （单选题）甲普通合伙企业合伙人乙，在未告知其他合伙人的情况下，以其在合伙企业中的财产份额出质，其他合伙人知悉后表示反对，根据合伙企业法律制度的规定，下列关于该出质行为效力的表述中，正确的是（   ）。

A. 有效　　　　　B. 可撤销　　　　　C. 效力待定　　　D. 无效

138. （单选题）赵某、钱某、孙某、李某共同出资成立了甲特殊普通合伙企业。关于该合伙企业，下列说法中正确的是（   ）。

A. 赵某因故意造成合伙企业债务，钱某、孙某和李某以在合伙企业中实缴的出资额为限承担责任

B. 赵某因故意造成合伙企业债务，赵某、钱某、孙某、李某承担无限连带责任

C. 赵某因重大过失造成合伙企业债务，赵某承担无限责任，钱某、孙某和李某不承担责任

D. 赵某因重大过失造成合伙企业债务，赵某承担无限责任，钱某、孙某和李某以其在合伙企业中的财产份额为限承担责任

139. （单选题）根据合伙企业法律制度的规定，下列各项中，有限合伙人不得用于出资的是（   ）。

A. 劳务　　　　　B. 货币　　　　　C. 不动产　　　D. 专利技术

140. （单选题）赵某、钱某、孙某、李某共同出资设立甲有限合伙企业（以下简称甲企业）。赵某、钱某为有限合伙人，孙某、李某为普通合伙人。下列说法中正确的是（   ）。

A. 若赵某死亡，其继承人可以合法取得合伙人身份

B. 若钱某全部财产份额被人民法院强制执行，该合伙企业应当转为普通合伙企业

C. 若赵某丧失民事行为能力，则其当然退伙

D. 若钱某退出合伙企业，对合伙企业债务不承担责任

141. （单选题）甲、乙、丙、丁、戊共同出资设立 A 有限合伙企业（以下简称 A 企业），甲、乙、丙为普通合伙人，丁、戊为有限合伙人。A 企业合伙协议对新合伙人入伙的表决办法未作约定。执行事务合伙人甲提议接收庚为新合伙人，乙、丙反对，丁、戊同意。根据合伙企业法律制度的规定，下列表述中，正确的是（   ）。

A. 庚可以入伙，因甲作为执行事务合伙人有权自行决定接收新合伙人

B. 庚可以入伙，因全体合伙人过半数同意

C. 庚不得入伙，因丁、戊作为有限合伙人无表决权，而反对庚入伙的普通合伙人占全体普通合伙人的 2/3

D. 庚不得入伙，因未得到全体合伙人一致同意

142. （多选题）除合伙协议约定外，合伙人一致同意的有（　　）。

A. 改变合伙企业名称

B. 聘用非合伙人李某担任合伙企业的经营管理人员

C. 改变合伙企业主要经营场所

D. 处分合伙企业的商标权

143. （多选题）甲、乙、丙三人设立一家普通合伙企业，下列情形中，合伙企业应当解散的有（　　）。

A. 甲、乙退出合伙企业，30 天没有其他人入伙

B. 甲、乙同意解散合伙企业，丙不同意

C. 合伙企业的营业执照被吊销

D. 合伙协议约定的合伙目的已经实现

144. （判断题）合伙协议未作特别约定的，有限合伙人可以经营与本企业相竞争的业务。（　　）

第四章　物权法律制度

刷基础

145. （单选题）根据物权法律制度的规定，下列各项中，属于物权法上的物的是（　　）。

A. 太阳　　　　　　　B. 星星　　　　　　　C. 月亮　　　　　　　D. 海域

146. （单选题）根据物权法律制度的规定，下列关于物的分类的表述中，正确的是（　　）。

A. 房屋属于不动产　　　　　　　　　　B. 租金属于天然孳息

C. 林木属于动产　　　　　　　　　　　D. 布匹属于不可分物

147. （单选题）根据物权法律制度的规定，下列各项中，属于担保物权的是（　　）。

A. 所有权　　　　　　　　　　　　　　B. 居住权

C. 抵押权　　　　　　　　　　　　　　D. 建设用地使用权

148. （单选题）2024 年 3 月 12 日，甲、乙签订房屋买卖合同，并于当日办理了预告登记。合同约定，乙于 3 月 15 日支付全款，双方于 3 月 30 日前办理过户手续。乙依约支付房款后，因甲出差双方一直未办理过户手续。5 月 10 日甲又将该房屋卖给丙并办理了过户手续。2024 年 6 月 1 日，乙将甲诉至法院。根据物权法律制度的有关规定，下列说法正确的是（　　）。

A. 预告登记有效，但丙取得房屋所有权

B. 预告登记有效，丙不能取得房屋所有权

C. 预告登记失效，丙取得房屋所有权

D. 预告登记失效，但丙不能取得房屋所有权

149. （单选题）甲将一台照相机遗落在某公园游客座椅上，乙拾得后以 5 000 元的价格卖给丙。根据物权法律制度的规定，下列表述正确的是（　　）。

A. 乙无权转让照相机

B. 丙受让照相机时不知乙拾得的事实并支付了对价，可以主张善意取得

C. 甲无权请求丙返还照相机

D. 甲在知道或应当知道该事实 2 年内可以请求乙返还照相机

150. （单选题）村民甲承包了一块农民集体所有的耕地，订立了土地承包经营权合同，未办理确权登记。甲因常年在外，便与同村村民乙订立土地承包经营权转让合同，将地交乙耕种，未办理变更登记。对甲、乙取得土地承包经营权的下列说法

中，正确的是（　　　）。

A. 甲的土地承包经营权因未办理确权登记未设立

B. 甲未经批准不得转让土地承包经营权

C. 乙的土地承包经营权未经变更登记而未设立

D. 乙的土地承包经营权自合同生效时设立

151. （单选题）根据物权法律制度的规定，以下财产既可以抵押又可以留置的是（　　　）。

A. 建设用地使用权　　　　　　　B. 建筑物

C. 船舶　　　　　　　　　　　　D. 仓单

152. （多选题）根据物权法律制度的规定，下列各项中，属于非基于法律行为而发生物权变动的有（　　　）。

A. 甲公司合法建造办公楼

B. 王某合法继承其父母去世后的房屋

C. 人民法院判决赵某取得房屋所有权

D. 刘某向银行贷款，双方办理了抵押登记

153. （多选题）根据物权法律制度的规定，下列关于拾得遗失物法律效果的表述中，正确的有（　　　）。

A. 权利人领取遗失物时，应当向拾得人或者有关部门支付保管遗失物等支出

B. 拾得人侵占遗失物的，无权请求保管遗失物等支出的费用

C. 遗失物自有关部门发布招领公告之日起 6 个月内无人认领的，归国家所有

D. 拾得人因重大过失致使遗失物毁损、灭失的，应当承担民事责任

154. （多选题）根据物权法律制度的规定，下列财产中，可以设立抵押权的有（　　　）。

A. 张某出租给孙某的房屋

B. 甲船厂正在建造的船舶

C. 乙开发商通过转让方式取得的土地使用权

D. 集体土地所有权

155. （多选题）以房屋设定抵押权，主债权已届清偿期，抵押权人主张实现抵押权的下列表述中，正确的有（　　　）。

A. 抵押权人可以与抵押人协议以房屋折价或者以拍卖、变卖房屋所得的价款优先受偿

B. 抵押权人与抵押人未就抵押权实现方式达成协议的，抵押权人可以请求人民法院拍卖、变卖房屋

C. 债权人以诉讼方式行使抵押权的，可以债务人或担保人作为被告

D. 抵押权已登记的先于未登记的受偿

156. （判断题）甲借用乙的摩托车，甲很喜欢该摩托车的外形和性能，于是向乙请求转让，乙同意。双方通过互通微信完成交易时，甲取得摩托车的所有权。（　　　）

157. (判断题) 甲为其儿子出国留学筹款，想用自有住房作抵押向 A 银行借款 10 万元，但因该房购买时为向 B 银行借款已设立了抵押权，所以该房屋上不得再设立抵押权。（   ）

158. (简答题) 2020 年 9 月 8 日甲企业通过划拨方式获得某建设用地使用权。2021 年 3 月 20 日甲企业以该土地使用权设定抵押权，向乙银行借款 5 000 万元，借款期限 3 年；当日双方签订借款合同和抵押合同，并于第二日办理了抵押权登记。2021 年 5 月甲企业在该土地上开始建造办公楼。截至 2024 年 5 月，甲企业未能偿还乙银行借款，乙银行起诉至法院，请求法院拍卖甲企业的土地使用权及地上建筑物，并就其拍卖所得优先实现抵押权。

要求：根据上述资料和相关法律规定，分别回答下列问题。

（1）乙银行抵押权设立的日期为哪一天？简要说明理由。

（2）甲企业在该土地上建造的办公楼是否属于抵押财产？

（3）乙银行主张就拍卖所得优先实现抵押权是否符合法律规定？简要说明理由。

159. (综合题) A 市人民政府因城市规划将甲化工生产企业（以下简称甲企业）的土地使用权收回。为此甲企业搬迁至 B 市，在搬迁建设中发生下列事项：

（1）2020 年 10 月甲企业在 B 市受让一建设用地使用权用于新厂房和办公用房的建设。

（2）2021 年 3 月甲企业在新厂房建设中以建设用地使用权设立抵押权向乙银行借款 2 000 万元，期限 3 年。2024 年 3 月银行借款到期，甲企业未能偿还借款，乙银行向法院提起民事诉讼，请求实现抵押权。

（3）2024 年 8 月 15 日甲企业与丙公司订立购买新设备的合同，为保证合同货款的支付，丁公司在买卖合同上签订了保证条款，但未约定保证方式。

要求：根据上述资料和相关法律规定，回答下列问题。

（1）A 市人民政府收回甲企业的土地使用权应当如何处理？说明法律根据。

（2）甲企业取得在 B 市的土地使用权需要履行何种手续？其使用年限如何？

（3）乙银行应当如何实现抵押权？说明理由。

（4）丁公司的保证担保是否成立？丁公司应如何承担保证责任？说明理由。

（5）甲企业变更住所应当如何处理？说明理由。

刷提高

160. (单选题) 2021 年 5 月甲与房屋开发商乙公司订立商品房买卖合同；2021 年 6 月为支付房款以该商品房作抵押，向丙银行贷款 200 万元，借款期限 8 年。2022 年 5 月甲取得房屋产权证书。2024 年 10 月将房屋转让给丁。根据物权法律制度的规定，下列表述中，正确的是（   ）。

A. 一物之上物权相互之间的效力优劣以成立的先后时间为标准

B. 甲的所有权是最完全的物权，可以对抗其他物权

C. 丙银行的抵押权是限制物权，不得优于甲的所有权

D. 丙银行的抵押权可以向丁行使

161. （单选题）根据物权法律制度的规定，下列关于更正登记与异议登记的表述中，正确的是（　　）。

A. 更正登记的申请人可以是权利人，也可以是利害关系人

B. 提起更正登记之前，须先提起异议登记

C. 异议登记之日起 10 日内申请人不起诉的，异议登记失效

D. 异议登记不当造成权利人损害的，登记机关应承担损害赔偿责任

162. （单选题）下列情形中，不发生标的物所有权转移的是（　　）。

A. 甲转让一部手机给乙已交付，乙未付款

B. 甲通过微信转账给丙 1 000 元

C. 甲赠送搬入新居的丁一部扫地机器人，已交付

D. 甲将自己的轿车出租给戊，已交付

163. （单选题）根据物权法律制度的规定，下列各项中，属于按份共有的是（　　）。

A. 夫妻共同财产　　　　　　　　B. 农村村民家庭承包鱼塘

C. 兄弟合买房屋　　　　　　　　D. 未分配遗产

164. （单选题）下列关于居住权的表述中，不正确的是（　　）。

A. 居住权不得转让　　　　　　　B. 居住权不得继承

D. 居住权仅限于住宅　　　　　　D. 设立居住权的住宅不得出租

165. （单选题）根据物权法律制度的规定，下列选项中，不得设立质权的是（　　）。

A. 股票　　　　B. 房屋　　　　D. 专利权　　　　D. 提货单

166. （单选题）张三以自己的宝马轿车作为抵押，向甲借款 10 万元，未办理抵押登记手续。又向乙借款 50 万元，以该轿车作为抵押，并办理了抵押登记手续。张三欠丙货款 20 万元，将该轿车出质给丙。丙驾车出行遇交通事故，轿车被剐蹭送丁修理，因丙欠丁 15 万元修理费，该轿车被丁留置。根据物权法律制度的规定，关于甲、乙、丙、丁对该轿车享有的担保物权的清偿顺序，下列选项正确的是（　　）。

A. 甲乙丙丁　　　B. 乙丙丁甲　　　C. 丙丁甲乙　　　D. 丁乙丙甲

167. （多选题）根据物权法律制度的规定，下列各项中，构成主物与从物关系的有（　　）。

A. 书和书的封套

B. 汽车和汽车后备厢中的备用轮胎

C. 牛和牛尾巴

D. 机器和机器维修工具

168. （多选题）根据物权法律制度的规定，用益物权包括（　　）。

A. 土地承包经营权　　　　　　　B. 地役权

C. 房屋所有权　　　　　　　　　　　D. 房屋抵押权

169. （多选题）根据物权法律制度的规定，下列关于抵押权效力的表述中，正确的有（　　）。

A. 抵押权的效力不及于抵押权依法设立之后产生的从物

B. 抵押权的效力不及于未登记的动产抵押物

C. 抵押权的效力不及于抵押物毁损、灭失后的代位物

D. 抵押权的效力不及于建设用地使用权抵押后，该土地上新增的建筑物

170. （多选题）下列关于占有的说法中，正确的有（　　）。

A. 李某机场错拿行李属于善意占有

B. 张某承租李某的房屋属于他主占有

C. 贾某盗窃他人自行车属于恶意占有

D. 动产质权人甲公司对质物的占有属于有权占有

171. （判断题）受让人善意取得不动产或者动产的所有权的，原所有权人有权向无处分权人请求损害赔偿。（　　）

172. （判断题）两个或两个以上不同所有权人的动产相互混杂合并，不能识别或识别所需费用过大，因而发生所有权变动的法律事实是附合。（　　）

173. （判断题）主合同无效导致第三人提供的担保合同无效，担保人无过错的，不承担赔偿责任；担保人有过错的，其承担的赔偿责任不应超过债务人不能清偿部分的 1/3。（　　）

174. （简答题）张某与李某从小一起长大，张某向李某借款 50 万元，双方简单约定如下：第一，张某以进口轿车设立抵押权；第二，借款期限 3 个月；第三，抵押合同无须登记。抵押期间张某未经李某同意，将轿车转卖给周某。借款期限届满，张某未能偿还借款。李某发微信催张某还款，张某微信转给李某 10 万元。

要求：根据上述内容结合相关法律制度的规定，分别回答下列问题。

（1）双方约定以进口轿车设定抵押权无须登记是否影响抵押权设立？简要说明理由。

（2）张某是否可以转让设立抵押权的轿车？简要说明理由。

（3）李某微信催要借款，张某微信转账 10 万元的行为会产生何种法律效果？简要说明理由。

175. （综合题）2020 年 10 月 10 日乙与房屋开发商签订 A 商品房的买卖合同，于 2020 年 10 月 15 日入住，同年 12 月 25 日办理了房屋登记手续。2022 年 3 月乙出国为女儿带孩子，A 商品房由其儿子出租给甲。2023 年 5 月 6 日乙因病在当地去世。根据乙的生前遗嘱，A 商品房由其一儿一女继承，但其子女没有办理该房屋所有权变更手续。

2024 年 9 月乙的儿子因移民急需用钱和姐姐协商决定将 A 商品房转让给丙，乙的子女在完善房屋所有权变更手续后于 12 月 5 日与丙签订了房屋买卖合同，但未通知甲。丙取得 A 商品房所有权后要求甲腾退房屋，甲不同意。

要求：根据上述资料结合相关法律规定，分别回答下列问题。

（1）乙何时取得 A 商品房所有权？说明法律根据。

（2）乙的子女何时取得 A 商品房所有权？说明法律根据。

（3）丙为确保作为房屋产权人的合法权益，可以采取何种措施？说明法律依据。

（4）乙的儿女转让 A 商品房是否应当通知甲？未通知甲是否影响房屋转让合同的效力以及是否承担法律责任？分别说明理由。

（5）丙要求甲腾退 A 商品房的行为是否符合法律规定？说明理由。

刷易错

176.（单选题）根据物权法律制度的规定，自物权是指权利人对自有物的物权，下列属于自物权的是（　　）。

A. 宅基地使用权
B. 居住权
C. 土地承包经营权
D. 所有权

177.（单选题）根据物权法律制度的规定，下列物权变动中，须经登记方可生效的是（　　）。

A. 转让土地承包经营权
B. 设定地役权
C. 在生产设备上设定抵押权
D. 设立建设用地使用权

178.（单选题）朋友 6 人共同出资购买一辆小汽车，未约定共有形式。部分共有人欲对外转让该车，在没有其他约定的情况下，根据物权法律制度的规定，同意转让的共有人至少应当达到的人数是（　　）人。

A. 4　　　　　　　B. 3　　　　　　　C. 6　　　　　　　D. 5

179.（单选题）根据物权法律制度的规定，土地承包经营权（　　）设立。

A. 自土地承包经营权批准时
B. 自土地承包经营权登记时
C. 自土地承包经营权合同达成意向时
D. 自土地承包经营权合同生效时

180.（单选题）根据物权法律制度的规定，下列关于担保物权的特性表述中，不正确的是（　　）。

A. 担保合同是主合同的从合同，因此担保物权具有从属性
B. 无论是担保物的分割还是主债权的分割，均不影响担保物权的效力
C. 担保物权人在当债务人不履行债务或发生当事人约定的实现担保物权的情形，经人民法院确认后享有就担保物优先受偿的权利
D. 担保期间，担保财产毁损、灭失或被征收等，担保物权人可以就获得的保险

金、赔偿金或补偿金等优先受偿

181. （单选题）下列各项中，属于间接占有的是（　　）。

A. 质权人对物的占有　　　　　　　　B. 保管人对物的占有

C. 承租人对物的占有　　　　　　　　D. 出租人对物的占有

182. （多选题）根据物权法律制度的规定，下列各项中，适用善意取得的有（　　）。

A. 所有权　　　　　B. 质押权　　　　　C. 抵押权　　　　　D. 留置权

183. （多选题）根据物权法律制度的规定，下列各项中，属于添附的有（　　）。

A. 装修公司把 301 号业主的壁纸贴在 802 号业主家墙面

B. 张大师在孙小姐的宣纸上作名画

C. 牛奶中加入砂糖

D. 李某把拾得的充电宝用在自己手机上充电

184. （多选题）根据物权法律制度的规定，下列关于抵押权和抵押合同的表述中，正确的有（　　）。

A. 当事人可通过口头方式订立抵押合同

B. 抵押合同中，双方当事人不得约定流押条款

C. 抵押权是一种用益物权

D. 抵押权人有权就抵押物优先受偿

185. （多选题）根据物权法律制度的规定，下列有关抵押权的表述中，正确的有（　　）。

A. 以建筑物抵押的，该建筑物占用范围内的建设用地使用权一并抵押

B. 以建筑物设定抵押的，应当办理抵押登记，未经登记，不得对抗善意第三人

C. 城市房地产抵押合同签订后，土地上新增房屋不属于抵押物

D. 建设用地使用权抵押后，该土地上新增的建筑物属于抵押财产

186. （判断题）债务人以自己的财产设定抵押，抵押权人放弃该抵押权的，其他担保人在抵押权人丧失优先受偿权益的范围内免除担保责任，但是其他担保人承诺仍然提供担保的除外。（　　）

187. （判断题）王某对将出租的房屋设立抵押权向甲银行借款 200 万元，甲银行可以抵押权要求王某房屋的承租人退租。（　　）

188. （判断题）同一财产既设立抵押权又设立质权的，拍卖、变卖该财产所得的价款按照登记、交付的时间先后确定清偿顺序。（　　）

189. （简答题）2024 年 2 月 1 日，甲公司向乙银行贷款 100 万元，期限 7 个月，签订抵押合同约定甲公司以现有的和在贷款清偿前可获得的生产设备、原材料、半成品和产品为乙银行设立浮动抵押，当天合同签字生效。2024 年 2 月 10 日，办理抵押登记。

2024 年 6 月 20 日，丙公司将 M 设备赊销给甲公司。6 月 22 日，甲公司与丙公司签订抵押合同约定，在 M 设备上设立抵押权，用于担保购买 M 设备的价款。6 月 23 日，抵押合同生效。6 月 25 日丙公司交付 M 设备。6 月 27 日，办理抵押登记。

2024年8月1日，甲公司将M设备出借给丁公司使用并约定由丁公司承担维修费用，丁公司在使用时M设备出现故障，送到戊修理厂修理。8月25日，丁公司不愿支付5万元修理费，戊修理厂将设备留置。甲主张设备不属于丁公司，戊无权留置。2024年9月1日，甲公司无力清偿债务，乙银行和丙公司向人民法院诉讼，请求包含就M设备的拍卖价款优先于其他债权人受偿。

要求：根据上述资料和相关法律规定，分别回答下列问题。

（1）丙公司抵押权设立的日期是哪一天？

（2）甲公司以丁公司并非设备的所有权人为由主张戊维修厂无权对M设备留置，是否符合法律规定？并简要说明理由。

（3）乙银行主张对M设备的拍卖款优先于丙公司受偿，是否符合法律规定？并简要说明理由。

刷通关

190.（单选题）下列各项中，属于天然孳息的是（　　）。

　　A. 苹果树上的果实　　　　　　　　B. 母鸡生下的鸡蛋

　　C. 银行存款的利息　　　　　　　　D. 母牛腹中的小牛

191.（单选题）李某和王某以5：2的比例按份共有买了一头耕牛，在王某使用耕牛的期间，因打雷牛受到惊吓，撞伤了路人孙某。下列说法中正确的是（　　）。

　　A. 孙某只能要求李某和王某按份额赔偿

　　B. 孙某既可以要求李某赔偿，也可以要求王某赔偿

　　C. 孙某只能要求王某承担赔偿责任

　　D. 孙某只能要求李某承担赔偿责任

192.（单选题）根据物权法律制度的规定，有关建设用地使用权用地使用期限的下列表述中，不正确的是（　　）。

　　A. 居住用地为70年

　　B. 工业用地和教育、科技、文化、卫生、体育用地为50年

　　C. 商业、旅游、娱乐用地为30年

　　D. 综合或者其他用地为50年

193.（单选题）甲向乙、丙、丁三家银行借款，均以自己的一套房屋抵押。乙的债权为100万元，丙的债权为300万元，丁的债权为500万元，登记的顺序为乙、丙、丁。后未经丙的同意，乙和丁协议变更抵押权顺位。甲到期不能偿还债务，房屋拍卖所得价款400万元，下列关于乙、丙、丁三家银行的抵押权顺位表述正确的是（　　）。

　　A. 丁400万元，丙0，乙0　　　　　　B. 丁100万元，丙300万元，乙0

　　C. 乙100万元，丙300万元，丁0　　　D. 乙100万元，丁300万元，丙0

194. （单选题） 甲公司向乙银行借款 100 万元，将其现有的以及将有的生产设备、原材料、半成品、产品一并抵押给乙银行，但未办理抵押登记，抵押期间，未经乙银行同意，甲公司以市场价格将一台生产设备转让给善意第三人丙公司，并已交付，后甲公司不能向乙银行清偿到期债务，下列关于该抵押权的表述中，正确的是（   ）。

   A. 该抵押权虽已设立但不能对抗丙公司

   B. 乙银行有权对丙公司从甲公司处购买的生产设备行使抵押权

   C. 该抵押权因抵押物不特定而不能设立

   D. 该抵押权因未办理抵押登记而不能设立

195. （单选题） 村民甲向乙借款 10 万元，期限 6 个月，以其农耕用拖拉机设立质权。双方约定的下列条款中，无效的是（   ）。

   A. 自乙占有拖拉机时质权设立

   B. 借款期限届满甲不能偿还借款，拖拉机归乙所有

   C. 在质权存续期间，未经甲同意，乙不得处分拖拉机

   D. 在质权存续期间，因乙保管不善致使拖拉机毁损的，乙应当承担赔偿责任

196. （多选题） 根据物权法律制度的规定，下列关于物权的优先效力的表述中，正确的有（   ）。

   A. 同一房屋之上，先登记设立的抵押权效力优先于后登记设立的抵押权

   B. 先成立的动产抵押权若未登记，其效力劣后于成立在后但已登记的抵押权

   C. 同一动产上已经设立抵押权或者质权，该动产又被留置的，留置权人优先受偿

   D. 租赁物在承租人按照租赁合同占有期限内发生所有权变动的，不影响租赁合同的效力

197. （多选题） 李某捡到陈某的电脑，以 5 000 元的价格卖给了甲，甲是一个有资质的二手店店主，丁支付了 5 500 元从甲店购买了该电脑。则下列说法中正确的有（   ）。

   A. 陈某可以要求李某赔偿损失

   B. 陈某可以要求甲赔偿损失

   C. 陈某自知道丁购买该电脑之日起 2 年内可以要求返还

   D. 陈某要求丁返还电脑，应当向丁支付 5 500 元的电脑购买价款

198. （多选题） 赵某、钱某和孙某共有一套四合院，份额分别为 30%、30% 和 40%。三人约定轮流使用该房屋，对其他事项未作约定。在赵某居住期间，该四合院屋顶瓦片脱落砸伤路人李某，李某请求赔偿，下列关于赔偿责任承担的表述中，正确的有（   ）。

   A. 若赵某承担了全部赔偿责任，可向钱某和孙某追偿超过其应当承担份额部分的赔偿款

   B. 李某只能请求赵某、钱某和孙某按各自份额承担赔偿责任

   C. 李某只能请求赵某承担全部赔偿责任，无权请求钱某和孙某承担赔偿责任

D. 赵某、钱某和孙某应对李某所受损害承担连带责任

199. （多选题）根据物权法律制度的规定，下列情形中，甲享有留置权的有（　　）。

A. 甲为乙有偿保管演出服，保管期满后，乙无理拒不交付保管费，甲将保管的演出服扣留

B. 甲为了确保对丁的一项未到期债权能够顺利实现，扣留了为丁保管的纺织品

C. 甲为了迫使丙偿还货款，强行扣押其车辆一台

D. 甲为戊加工了一批服装，按期完工后，戊迟迟不支付尾款，甲将该批服装扣留

200. （判断题）设立地役权，当事人应当采用书面形式订立地役权合同。当事人要求登记的，应当向登记机构申请地役权登记；地役权自地役权合同生效时设立。（　　）

201. （判断题）质押财产折价或者拍卖、变卖后，其价款超过债权数额的部分归出质人所有，不足部分由出质人清偿。（　　）

第五章　合同法律制度

202. （单选题）甲与乙在 A 地商品交易洽谈会上谈妥买卖合同的主要条款，甲于 B 地在合同上签字，随后乙于 C 地在合同上签字，合同在 E 地履行，当事人对合同成立地点未作特别约定，该买卖合同的成立地点为（   ）。

　　A. A 地　　　　　　　B. B 地　　　　　　　C. C 地　　　　　　　D. E 地

203. （单选题）李某在甲健身俱乐部办理健身卡，卡费 18 000 元，期限一年，按次计扣。健身俱乐部提供的协议中载明"如单方放弃训练，余款不退"。新冠疫情期间健身俱乐部关关停停，影响李某的健身训练，李某提出退款的要求，健身俱乐部不同意。根据合同法律制度的规定，下列选项中正确的是（   ）。

　　A. 健身协议无效

　　B. "如单方放弃训练，余款不退"的条款无效

　　C. 李某单方放弃训练无须承担违约责任

　　D. 李某单方放弃训练应承担继续履行的违约责任

204. （单选题）甲企业与乙企业就小家电购销协议进行洽谈，其间乙采取了保密措施的市场开发计划被甲得知。甲遂推迟与乙签约，开始有针对性地吸引乙的潜在客户，导致乙的市场份额锐减，对甲的行为下列表述中正确的是（   ）。

　　A. 甲的行为属于假借订立合同，恶意进行磋商，应承担缔约过失责任

　　B. 甲的行为属于故意隐瞒与订立合同有关的重要事实，应承担缔约过失责任

　　C. 甲的行为属于故意提供虚假情况，应承担缔约过失责任

　　D. 甲的行为侵犯了乙的商业秘密，应承担缔约过失责任

205. （单选题）凡不以他种合同的存在为前提即能独立存在的合同是（   ）。

　　A. 单务合同　　　　　　　　　　　　B. 要式合同

　　C. 主合同　　　　　　　　　　　　　D. 诺成合同

206. （单选题）根据合同法律制度的规定，下列关于债务免除的表述中，不正确的是（   ）。

　　A. 免除债务后，债权的从权利并不随之消灭

　　B. 免除不得损害第三人的利益

　　C. 债权人或其代理人应向债务人或者其代理人作出抛弃债权的意思表示

　　D. 免除人须具备相应的民事行为能力

207. （单选题）下列关于债权人撤销权行使的说法中，符合合同法律制度规定的是（　　）。

A. 撤销权自债权人知道或者应当知道撤销事由之日起 2 年内行使

B. 债权人行使撤销权须以债务人的名义向人民法院提起诉讼

C. 债权人行使撤销权只需通知第三人即可

D. 撤销权的行使范围以债权人的债权为限

208. （单选题）下列可依单方意思表示即可使合同关系失效的是（　　）。

A. 借款合同履行期间发生地震

B. 商品房买卖合同出卖人迟延交房

C. 房屋承租人未经出租人同意转租的

D. 所有权保留买卖合同的买受人将标的物出质的

209. （单选题）根据合同法律制度的规定，下列关于赠与合同撤销的表述中，不正确的是（　　）。

A. 甲教培中心赠送乙小学的电教设备，在电教设备转移之前可以撤销赠与

B. 张三与徒弟李四签有扶养赠与房屋的合同，因李四不尽照顾义务，张三可以撤销赠与

C. 丙餐厅与当地打工子弟小学签有每年捐赠 20 万元的合同，后因新冠疫情丙餐厅处于停业状态，该赠与合同不得撤销

D. 赵某赠与孙子一套住房用于结婚并办理了公证，后发现孙子离婚但也不得撤销赠与

210. （单选题）张三向李四借款 50 万元未约定利息，对此下列说法正确的是（　　）。

A. 视为没有利息

B. 可以按照交易习惯确定利息

C. 可以按照市场利率确定利息

D. 可以事后协商确定利息

211. （多选题）根据合同法律制度的规定，下列有关合同效力的表述中正确的有（　　）。

A. 限制民事行为能力人与他人订立的合同为效力待定合同

B. 因无权代理订立的合同属于无效合同

C. 依法成立的合同，原则上自成立时生效

D. 附生效条件的合同，自条件成就时生效

212. （多选题）下列关于合同约定不明确条款的处理办法中，正确的有（　　）。

A. 当事人就质量、价款或报酬、履行地点等内容没有约定或约定不明的，又不能达成补充协议的，按合同有关条款或交易惯例确定

B. 质量要求不明确，也没有国家标准、行业标准的，按照通常标准或者符合合同目的的特定标准履行

C. 履行期限不明确的，债务人可以随时履行，债权人也可以随时要求履行，但债

权人要求履行的，必须给债务人必要的准备时间，债务人履行则不必给债权人准备时间

D. 履行费用的负担不明确的，动产买卖合同由卖方负担运费

213. （多选题）甲企业对丙企业享有 100 万元的到期货款债权，甲企业将其转让给乙企业，对该转让的下列表述中正确的有（   ）。

A. 甲企业就该转让应征得丙企业的同意

B. 甲企业就该转让应通知丙企业

C. 该转让完成后，丙企业应向乙企业支付 100 万元的货款

D. 因该转让增加的履行费用，由丙企业负担

214. （多选题）一般保证的保证人不得行使先诉抗辩权的情形有（   ）。

A. 甲债务人移居境外，且无财产可供执行

B. 乙债务人破产案件被人民法院受理，中止执行程序

C. 债权人有证据证明丙债务人丧失履行债务能力

D. 丁保证人以书面形式放弃先诉抗辩权

215. （判断题）债务人将债务的全部转移给第三人的，应当经债权人同意。部分转移给第三人的，应当通知债权人。（   ）

216. （判断题）债权债务关系因清偿而消灭，债权的从权利一般随之消灭，但通知、协助、保密、旧物回收等后合同义务因是法定之债，并不随之消灭。（   ）

217. （判断题）融资租赁合同的承租人未经出租人同意，将租赁物转让、抵押、质押、投资入股或者以其他方式处分的，出租人可以解除融资租赁合同。（   ）

218. （简答题）2021 年 10 月甲汽车租赁公司（以下简称甲公司）为发展当地短途城乡旅游，决定购置 5 辆旅行车，为此向乙银行借款 200 万元，期限 2 年。为担保借款的偿还，甲公司以 5 辆旅行车设定了抵押担保，另有丙公司以保证人的身份在借款合同上签订了保证条款，但未约定保证方式；其他未作约定。自 2022 年起，甲公司当地的城乡旅游始终不景气，到 2023 年 10 月，甲公司未能如期偿还借款，乙银行将甲公司和丙公司一并起诉至人民法院，要求甲公司偿还借款，丙公司承担保证责任。在法院审理此案中，丙公司认为自己是补充保证责任，具体理由包括：（1）自己的保证方式是一般保证，享有先诉抗辩权；（2）本案当中有甲公司的旅游车的抵押担保，乙银行应当先就抵押财产实现其债权，不足部分才由其承担保证责任。

要求：根据上述内容结合合同法律制度的规定，分别回答下列问题。

（1）丙公司的第（1）个理由是否成立？简要说明理由。

（2）丙公司的第（2）个理由是否成立？简要说明理由。

（3）如果丙公司的理由成立，乙银行能否同时起诉甲公司和丙公司？法律是如何规定的？

刷提高

219. （单选题）下列各项中，属于单务合同的是 （   ）。

    A. 买卖合同　　　　B. 租赁合同　　　　C. 承揽合同　　　　D. 赠与合同

220. （单选题）为迎接"双十一"的销售热点，甲公司在某宝上发布进口水晶酒具的商品信息：在 10 月 31 日前下单 A 款酒具 5 折销售，B 款酒具 6.5 折销售；快递 11 月 3 日前发货。此商品信息为 （   ）。

    A. 要约　　　　　　B. 要约邀请　　　　C. 商业广告　　　　D. 电子合同

221. （单选题）甲公司向乙银行贷款 500 万元，丙公司和丁公司为共同保证人。丙公司、丁公司在与乙银行签订保证合同时，约定保证方式为连带责任保证，但未约定各自的保证份额。丙公司、丁公司之间有内部约定：丙公司承担 60% 的保证责任，丁公司承担 40% 的保证责任。根据《民法典》的规定，下列表述中正确的是 （   ）。

    A. 当甲公司不能清偿债务时，乙银行可以直接要求两个保证人承担保证责任

    B. 当甲公司不能清偿债务时，乙银行只能按照两个保证人之间的内部约定主张保证责任

    C. 当甲公司不能清偿债务时，乙银行可以向丙公司主张全部保证责任，但丙公司可以内部有份额约定为对抗乙银行

    D. 如果丙公司承担了全部保证责任，则只能向主债务人甲公司追偿，不得向丁公司追偿

222. （单选题）2023 年 4 月 30 日，甲公司向乙公司订购 30 台分体式空调，约定：甲、乙双方在合同上签字盖章后，甲公司先向乙公司支付 10 万元定金，合同在交付定金时生效；合同生效后，30 天内乙公司交货并负责安装，甲公司在空调安装运转验收合格后 10 天内付货款。合同签字后，甲公司未交付定金，乙公司按期向甲公司交付了货物。下列表述中正确的是 （   ）。

    A. 因甲公司未支付定金，该合同未生效

    B. 甲公司未支付定金不影响该合同的效力

    C. 乙公司交付货物产生定金合同生效的后果

    D. 甲公司应当向乙公司双倍支付定金

223. （单选题）甲为出售一名人书法作品与乙、丙、丁、戊分别签订买卖合同，具体情形如下：2023 年 3 月 1 日，甲和乙酒后达成口头合同，约定货到付款；4 月 1 日，甲与丙签订合同，丙支付 20% 的货款；5 月 1 日，甲与丁签订合同，丁支付 30% 的货款；6 月 1 日，甲与戊签订合同，甲将书法作品交付给戊。上述买受人均要求实际履行合同。下列履行顺序排列符合合同法律制度的是 （   ）。

    A. 乙 > 丙 > 丁 > 戊　　　　　　　　B. 丁 > 丙 > 戊 > 乙

    D. 戊 > 丁 > 丙 > 乙　　　　　　　　D. 戊 > 丙 > 丁 > 乙

224. （单选题）保证债务诉讼时效为普通诉讼时效，期间为（   ）。

A. 6个月　　　　　B. 2年　　　　　C. 3年　　　　　D. 5年

225. （单选题）根据合同法律制度的规定，下列租赁合同中，属于定期租赁合同的是（   ）。

A. 甲将一台机器租赁给乙，双方签订书面租赁合同，租赁期限为5年

B. 甲与丙签订库房租赁合同，未约定租赁期限，且不能通过补充协议或根据合同条款、交易习惯确定租赁期限

C. 甲与丁口头约定租借丁的大轿车作班车，租赁期限为1年

D. 甲与戊出租办公楼底商的租赁合同期限已届满，甲未收回房屋，戊继续使用并交纳房租

226. （单选题）甲、乙签订融资租赁合同，甲为出租人，乙为承租人。甲根据乙的选择，向丙购买了一台大型设备，出租给乙使用。乙在该设备安装完毕后，发现不能正常运行。根据合同法律制度的规定，下列表述中不正确的是（   ）。

A. 甲、乙、丙可以约定，乙直接向丙索赔

B. 甲不对乙承担违约责任

C. 乙应当按照约定支付租金

D. 租赁期满后由乙取得该设备的所有权

227. （多选题）下列合同中，必须采用书面形式订立的有（   ）。

A. 自然人之间的借款合同　　　　　B. 抵押担保合同

C. 商品房买卖合同　　　　　　　　D. 融资租赁合同

228. （多选题）甲向乙借款10万元到期未偿还，甲对他人依法享有到期债权。根据合同法律制度的规定，甲享有的下列债权中，乙不可以行使代位权的有（   ）。

A. 人身意外伤害保险赔偿请求权

B. 所在企业解除劳动合同的补偿金

C. 所住老旧楼房改造临时安置费

D. 财产损害赔偿请求权

229. （多选题）根据合同法律制度的规定，当事人约定出卖人保留合同标的物的所有权，在标的物所有权转移前，买受人有造成出卖人损害的情形，除当事人另有约定外，出卖人有权取回标的物。下列出卖人有权取回标的物的情形有（   ）。

A. 买受人未按照约定支付价款，经催告后在合理期限内仍未支付

B. 买受人未按照约定完成特定条件

C. 买受人将标的物出卖、出质或者作出其他不当处分

D. 买受人已经支付标的总价款的75%以上的

230. （多选题）下列情形中，买受人应当承担标的物灭失风险的有（   ）。

A. 买卖双方未约定交付地点，出卖人将标的物交由承运人运输，货物在运输途中意外灭失

B. 约定在出卖人营业地交货，买受人未按约定时间前往提货，后货物在地震中灭失

C. 出卖人依约为买受人代办托运，货物交第一承运人后意外灭失

D. 买受人下落不明，出卖人将标的物提存后意外灭失

231. （判断题）限制民事行为能力人超出自己的行为能力范围与他人订立的合同，相对人可以催告法定代理人自收到通知之日起 30 日内予以追认，也可以在合同被追认前行使撤销权。（　　）

232. （判断题）张某承租赵某的房屋半年，后经确认该房屋租赁合同无效，张某可以拒绝支付居住期间的房租。（　　）

233. （简答题）张某以进口轿车作抵押向李某借款 50 万元，约定借款期限 3 个月，对借款利息李某让张某看着给；抵押合同签订后未予登记。借款期限届满，张某未能偿还借款。李某发微信催要借款，张某微信转给李某 10 万元。

　　要求：根据上述内容结合相关法律制度的规定，分别回答下列问题。

（1）张某用进口轿车设定抵押未经登记，抵押权是否设立？简要说明理由。

（2）对借款利息支付李某让张某"看着给"，应当如何处理？简要说明理由。

（3）李某微信催要借款，张某微信转账 10 万元的行为会产生何种法律效果？简要说明理由。

刷易错

234. （单选题）乙向甲发出订货要约，甲在回复乙的订货要约时变更了履行期限，根据合同法律制度的规定，甲的回复将导致（　　）。

A. 要约失效　　　　B. 要约撤销　　　　C. 要约撤回　　　　D. 要约变更

235. （单选题）甲、乙签订了买卖合同，约定由出卖人甲分三期送货。受新冠疫情管控的影响甲不能及时送货，与乙协商由丙向乙履行送货的义务，但丙送货逾期，下列有关乙请求承担违约责任的表述中，正确的是（　　）。

A. 请求丙承担　　　　　　　　　B. 请求甲承担

C. 请求丙和甲共同承担　　　　　D. 请求丙或甲承担

236. （单选题）下列权利中，可以作为代位权行使对象的是（　　）。

A. 赵某的劳动报酬请求权　　　　B. 李某的住房租金请求权

C. 孙某的人寿保险金请求权　　　D. 钱某的退休金请求权

237. （单选题）甲租用乙的房屋经营美容美发店，因经营不善，美容美发店生意一直不景气，2022 年 12 月甲与房东乙协商达成一致，2023 年上半年房租减免 10%。2023 年 5 月甲将美容美发店转让予丙。甲与丙约定，甲经营期间预收了 30 名顾客会员费，相关未完成的服务项目由丙接手继续完成；甲将与丙的转让协议通过顾客微信群进行了告知；绝大部分顾客回复表示理解接受，其中有 5 名顾客一直未回复，经甲催问一直未有回音。对上述事实下列表述中，不正确的是（　　）。

A. 甲与乙协商一致减免房屋租金的行为是合同变更

B. 甲将与丙的协议内容通过顾客微信群告知，转让协议即为生效

C. 甲与丙的协议对未予答复的 5 名顾客不发生效力

D. 美容美发店转让后，如服务出现瑕疵应当由丙承担违约责任

238. （单选题）债权人甲下落不明，致使债务人乙难以履行债务，乙依法将标的物提存。提存期间，该标的物发生意外毁损。根据合同法律制度的规定，下列关于对该标的物损失承担的表述中，正确的是（　　）。

A. 应由甲承担
B. 应由乙承担
C. 应由甲、乙共同承担
D. 应由提存机关承担

239. （单选题）根据合同法律制度的规定，下列关于试用买卖合同的表述中，正确的是（　　）。

A. 买受人在试用期内对标的物设立担保物权的，视为同意购买

B. 当事人没有约定使用费的，出卖人有权主张买受人支付使用费

C. 试用期限届满，买受人对是否购买标的物未作表示的，视为不同意购买

D. 标的物在试用期内毁损、灭失的风险由买受人承担

240. （单选题）物的担保和保证并存时，如果债务人不履行债务，关于当事人的担保责任承担，下列表述不正确的是（　　）。

A. 首先根据当事人的约定确定承担责任的顺序

B. 没有约定或者约定不明确的，如果保证与债务人提供的物的担保并存，则债权人先就债务人的物的担保求偿。保证在物的担保不足清偿时承担补充清偿责任

C. 没有约定或者约定不明确的，如果保证与第三人提供的物的担保并存，则债权人既可以就物的担保实现债权，也可以要求保证人承担保证责任

D. 没有约定或者约定不明确的，如果保证与第三人提供的物的担保并存，其中一人承担了担保责任，则可以向债务人追偿，也可以向另外一个担保人追偿

241. （单选题）融资租赁合同期限届满，对租赁物的归属没有约定或者约定不明，可以协议补充，不能达成协议补充的，按照合同有关条款或者交易习惯确定。仍不能确定的，租赁物的所有权归属于（　　）。

A. 承租人

B. 出租人

C. 出租人和承租人共同共有

D. 按租赁物的价款与租金的数额由出租人和承租人按比例共有

242. （多选题）甲公司通过电子邮件向乙公司发出了一份购买 100 台空调的书面要约，下列情形中甲公司不得撤销要约的有（　　）。

A. 甲公司在要约中明示要约不可撤销

B. 甲公司的要约已经到达乙公司法定地址，且乙公司尚未作出承诺

C. 乙公司有理由认为要约不可撤销的，且已为履行合同做了合理准备工作

D. 甲公司在要约中确定了承诺期限

243. （多选题）根据合同法律制度的规定，下列情形中，属于合同变更的有（　　）。

    A. 履行期限改变　　　　　　　　B. 当事人协商由第三人履行

    C. 违约金的增加　　　　　　　　D. 标的物数量增加

244. （多选题）甲公司与乙银行签订借款合同，由丙公司作为连带责任保证人，甲公司与乙银行未征得丙公司书面同意，对借款合同内容进行协议变更。下列关于丙公司承担保证责任的表述中，正确的有（　　　）。

    A. 甲公司与乙银行协议减轻债务的，丙公司对变更后的债务承担保证责任

    B. 甲公司与乙银行协议加重债务的，丙公司对原债务承担保证责任

    C. 甲公司与乙银行协议加重债务的，丙公司对加重的部分也承担保证责任

    D. 甲公司与乙银行协议变更主债务履行期限的，丙公司不再承担保证责任

245. （多选题）张某承租周某的住房，租期未满，周某有意将该住房出售。根据规定，下列表述中，正确的有（　　　）。

    A. 周某应在出售之前的合理期限内通知张某，张某在同等条件下享有优先购买权

    B. 如果周某对张某隐瞒住房出售的事实，张某可以主张周某房屋买卖合同无效

    C. 如果购房人成为新所有人后，有权解除之前周某和张某的房屋租赁合同

    D. 如果周某的哥哥想要购买该住房，则张某不得主张优先购买权

246. （判断题）因不可抗力导致当事人不能履行合同的，免于承担违约责任。（　　　）

247. （判断题）赠与人在赠与财产公证之前可以撤销赠与。（　　　）

248. （简答题）甲企业对丙公司享有 100 万元的到期债权，丙公司对自然人徐某享有 100 万元的到期债权，且该债权约定了仲裁条款。

要求： 根据上述资料和相关法律规定，回答下列问题。

（1）如果甲企业对自然人徐某提起代位权诉讼需要具备哪些条件？

（2）徐某可否基于与丙公司的仲裁条款而向甲企业抗辩？简要说明理由。

（3）徐某向甲企业支付 100 万元后，产生何种法律效果？

249. （综合题）2020 年 11 月甲企业因扩大生产规模向乙银行借款 2 000 万元，期限 2 年。但未约定利息的支付期限。为担保银行债权的实现甲企业以自己的北厂房设立了抵押权并办理了登记，但在抵押权登记时误写为南厂房。乙银行按期支付借款，但在支付借款时预先将利息扣除。

2023 年 2 月甲企业复工复产后需要对员工实行闭环管理，2 月 10 日向丙医疗用品有限责任公司（以下简称丙公司）发出传真表示订购一批 N95 口罩和抗原检测试剂盒，分 6 个月订购，每月 5 日前由丙公司负责将当月所需口罩和试剂盒送至甲企业，甲企业收到货物后 3 日内结算付款。丙公司收到传真后于 2 月 11 日回复甲企业表示同意，但需甲企业预先支付全部货物 20% 的定金。2 月 12 日甲企业回复同意。合同开始履行。

2023 年 5 月丙公司因不可抗力原因，不能按期送货。丙公司将该情况及时通知了甲企业，建议甲企业本期货物另行采购，后在 5 月 25 日丙公司将当月所需货物送至甲企业。

要求： 根据上述内容，结合相关法律规定，回答下列问题。

（1）借款合同对支付利息的期限没有约定的情况下，甲企业应当如何支付借款利息？说明理由。

（2）乙银行预先扣除利息是否符合法律规定？甲企业借款本金数额应当如何确定？说明理由。

（3）甲企业设定抵押权的厂房应当如何确定？说明理由。

（4）甲企业和丙公司2月10日、2月11日、2月12日的相互传真性质为何？说明理由。

（5）2023年5月丙公司延期供货是否应当承担违约责任？说明理由。

刷通关

250.（单选题）甲向乙发出要约，乙的下列表示构成承诺的是（　　）。

A. 乙回复甲履行期限不能满足　　　　B. 乙过期回复甲同意要约内容

C. 乙当天回复甲同意要约内容　　　　D. 乙没有回复甲

251.（单选题）张某超越甲企业代理授权内容，订立采购合同，该合同的效力是（　　）。

A. 无效合同　　　　　　　　　　　　B. 有效合同

C. 效力待定合同　　　　　　　　　　D. 可撤销合同

252.（单选题）甲欠乙10万元借款到期未能清偿，乙多次催款甲未予回复，后乙发现甲将其价值20万元的轿车无偿转让给其岳父丙，为此乙行使撤销权。下列关于乙行使撤销权的表述错误的是（　　）。

A. 乙行使撤销权应当以受让人丙是恶意取得为前提

B. 乙在提起撤销权诉讼时，应以甲为被告

C. 乙行使撤销权应以自己的名义，向甲的住所地人民法院提起诉讼

D. 乙行使撤销权所支付必要费用由甲承担

253.（单选题）乙公司与甲公司签订50万元的借款合同，乙公司尚未还款，甲、乙公司合并为丙公司，该债权债务关系终止。该终止的情形属于（　　）。

A. 解除　　　　　B. 抵销　　　　　C. 免除　　　　　D. 混同

254.（单选题）乙欠甲借款本息30万元，2023年9月1日到期。同时，丙尚有在2023年8月20日应向乙支付的20万元货款未支付。甲在同年9月18日与丙签订了转让其对乙的30万元借款债权书面协议，同年9月24日乙接到了甲关于转让债权的通知后，便向丙主张20万元抵销权。有关上述事项的下列表述不正确的是（　　）。

A. 甲与丙之间的债权转让合同2023年9月18日对乙发生效力

B. 如甲未将债权转让之事通知乙，丙不可以向乙主张30万元债权

C. 甲将债权转让给丙后，丙公司成为新债权人

D. 乙接到了甲关于转让债权的通知后，可以向丙主张 20 万元的抵销权

255. （单选题）甲欲出售一辆私家车，乙与甲签订了买卖合同，甲将汽车交付给乙，但未办理车辆所有权转移登记。后丙愿意出更高的价格购买，甲遂与丙签订买卖合同，到车辆管理部门办理了登记手续，并与丙约定一个月后交付。不久后丁也表示愿意购买该汽车且出价最高，甲遂与丁签订买卖合同，并约定一星期后交付。下列关于汽车归属的表述中，正确的是（　　）。

A. 归属甲，因涉及多重买卖，合同均无效

B. 归属丙，因甲为丙办理了车辆所有权转移登记

C. 归属乙，因为汽车已交付给乙

D. 归属丁，因为丁出价最高

256. （单选题）2023 年 6 月 1 日，甲餐厅向乙公司订购 10 台餐桌 50 把餐椅，双方订立买卖合同约定：6 月 24 日，由甲公司上门提货，合同对货物毁损风险承担未作特别约定，6 月 24 日，甲公司因和货运公司对接出现问题未能提货。6 月 25 日，乙公司租赁的仓库失火，导致该批桌椅全部毁损，下列关于该批桌椅毁损风险承担的表述中，正确的是（　　）。

A. 乙公司承担，因货物是在其控制之下

B. 甲公司承担，因其没有按时上门提货

C. 甲公司和乙公司共同承担，因不可抗力造成货物毁损

D. 乙公司承担，因货物所有权没有转移

257. （单选题）甲企业修建厂区围墙，租用乙公司挖掘机为期 8 个月。关于该租赁合同下列表述错误的是（　　）。

A. 该租赁合同应当订立租赁合同书

B. 若甲企业违反操作规程使用挖掘机，乙公司可以随时解除合同

C. 在挖掘机的使用期间，甲企业应当承担挖掘机的维修义务

D. 在挖掘机的使用期间，若乙公司转让挖掘机，不影响该租赁合同的效力

258. （多选题）下列协议中，可以适用合同法律制度的有（　　）。

A. 收养合同   B. 政府采购合同

C. 财产租赁合同   D. 劳动合同

259. （多选题）甲企业的下列意思表示构成新要约的有（　　）。

A. 甲企业向乙公司发出承诺函后，随即又发出一封函件表示收回承诺。两封函件同时到达乙公司

B. 甲企业向丙公司回函表示："若价格下调 5%，我厂即与贵司订立合同。"

C. 甲企业发出表示承诺的函件时已超过丁公司规定的承诺期限，丁公司收到后未作任何表示

D. 甲企业在承诺期内发出承诺，正常情形下可如期到达戊公司，但因连日暴雨致道路冲毁，承诺通知到达戊公司时已超过承诺期限，戊公司收到承诺通知后未作任何表示

260. （多选题）下列关于格式条款的说法中，正确的有（　　）。

A. 格式条款和非格式条款不一致的，应当采用非格式条款

B. 提供格式条款的一方不合理地限制对方主要权利的，格式条款无效

C. 提供格式条款的一方应当遵循公平原则确定当事人之间的权利和义务

D. 对格式条款有两种以上解释的，应当作出不利于提供一方的解释

261. （多选题）甲公司与乙公司订立货物买卖合同，约定出卖人甲公司将货物送至丙公司，经丙公司验收合格后，乙公司应付清货款。甲公司在送货前发现丙公司已濒于破产，遂未按时送货。根据相关法律规定，下列表述中不正确的有（　　）。

A. 甲公司应向乙公司承担违约责任

B. 甲公司应向丙公司承担违约责任

C. 甲公司应向乙公司、丙公司分别承担违约责任

D. 甲公司不承担违约责任

262. （判断题）借款合同是实践性合同，自贷款人提供借款时成立。（　　）

263. （判断题）保证债务诉讼时效为普通诉讼时效，期间为 3 年。（　　）

264. （判断题）租赁期限届满，房屋承租人享有以同等条件优先购买的权利。（　　）

265. （简答题）甲公司向乙公司订购设备一台，总价款 120 万元，等分为 4 期支付设备款；同时还约定：合同成立后甲公司先支付定金 30 万元作为合同履行的担保，合同履行完毕后乙公司返还定金。为支付定金甲公司向乙公司签发一张银行汇票，票面记载"不得转让"字样。合同履行期间乙公司被丁公司并购。

要求：根据上述资料和相关法律规定，回答下列问题。

（1）题目中定金的约定是否符合法律规定？简要说明理由。

（2）乙公司是否应转让该银行汇票？法律是如何规定的？

（3）合同履行期间乙公司被丁公司并购，该合同的履行义务应当如何处理？简要说明理由。

266. （综合题）经熟人介绍，李某租借张某的一居室。2019 年 4 月 6 日双方达成一致，约定租期 5 年；租金每月 5 000 元，按季度支付，每季度的第一个月 5 日前支付本季度的租金。合同签字当天李某即入住该房屋。

2020 年 6 月中旬当地遇冰雹将房屋阳台的玻璃砸坏，李某请求张某修理更换，张某置之不理，后李某自行更换，花费了 900 元。7 月李某支付房屋租金时扣除了阳台玻璃的修理费 900 元，张某对此表示不满，并认为合同中没有约定房屋租赁期间修理费的负担，应当双方分担。

2020 年 11 月张某为扩大自行经营的快餐店，以出租的房屋设立抵押权向银行借款 100 万元，期限 18 个月。其中双方约定在抵押期间该房屋不得转让，11 月 15 日双方签订借款合同和抵押合同，11 月 25 日办理了房屋抵押登记，但是在抵押登记时遗漏了不得转让抵押房屋的内容。

2022 年 7 月快餐店倒闭，张某尚欠银行借款 50 万元未还清。同时其父生病需要治疗费 50 万～60 万元，2022 年 7 月 5 日张某便与该出租房屋隔壁的邻居黄某协

商将一居室转让给黄某。张某将房屋转让意向发微信告知李某，李某未置可否。2022 年 7 月 20 日张某、黄某签订了房屋转让合同；当月 30 日双方办理了产权转移手续。

2022 年 8 月银行发现张某将设立抵押权的房屋转让，发信函通知张某和黄某，表明三点：第一：张某无权转让抵押物；第二，张某违反约定转让抵押物，买卖合同无效；第三，基于上述张某转让行为的无效，黄某的所有权也无效。

2023 年春节期间黄某通知李某因其儿子要结婚，要求解除房屋租赁合同，同时愿意向其支付 5 000 元的补偿金，李某不同意。

要求：根据上述资料，结合《合同法》《物权法》的相关规定，回答下列问题。

（1）张某关于房屋租赁期间修理费应当双方分担的说法是否成立？说明理由。

（2）李某从支付的房屋租金中扣除维修费的做法是否符合法律规定？说明理由。

（3）银行的三个观点是否成立？分别说明理由。

（4）黄某是否有权解除租赁合同？说明理由。

第六章　金融法律制度

267. （单选题）根据票据法律制度的规定，下列关于汇票背书的表述中，正确的是（　　）。

A. 背书附条件的，所附条件具有汇票上的效力

B. 出票人在汇票上记载"不得转让"字样，该汇票不得转让

C. 背书记载"委托收款"字样的，被背书人取得票据权利

D. 被拒绝承兑的汇票背书转让的，背书人不承担汇票责任

268. （单选题）根据《票据法》的规定，有关汇票承兑的下列说法中不正确的是（　　）。

A. 见票后定期付款的汇票，持票人应当自出票日起 1 个月内向付款人提示承兑

B. 汇票未按照规定期限提示承兑的，持票人则丧失追索权

C. 付款人承兑汇票的，应当在汇票正面记载"承兑"字样和承兑日期并签章

D. 付款人承兑汇票，附有条件的，视同拒绝承兑

269. （单选题）证券的代销、包销期限最长不得超过（　　）。

A. 60 日　　　　　　B. 90 日　　　　　　C. 6 个月　　　　D. 12 个月

270. （单选题）根据证券法律制度的规定，下列属于可能对上市公司债券的交易价格产生较大影响的重大事件的是（　　）。

A. 公司发生未能清偿到期债务的情况

B. 公司新增借款或者对外提供担保超过上年年末净资产的 10%

C. 公司放弃债权或者财产超过上年年末净资产的 5%

D. 公司发生超过上年年末净资产 5% 的重大损失

271. （单选题）下列关于保险代位求偿权的表述中，不符合《保险法》规定的是（　　）。

A. 保险人未赔偿保险金之前，被保险人放弃对第三人请求赔偿的权利的，保险人不承担赔偿保险金的责任

B. 保险人向被保险人赔偿保险金后，被保险人未经保险人同意放弃对第三人请求赔偿的权利的，该放弃行为无效

C. 因被保险人故意致使保险人不能行使代位请求赔偿的权利的，保险人可以扣减或者要求返还相应的保险金

D. 即使被保险人的家庭成员故意损害保险标的而造成保险事故，保险人也不得对被保险人的家庭成员行使代位求偿权

272. （单选题）人身保险的投保人在订立保险合同时，对某些人员应具有保险利益。下列各项不具有保险利益的是（　　）。

A. 投保人的同学
B. 投保人赡养的伯父
C. 投保人抚养的外甥女
D. 投保人的雇员

273. （单选题）下列关于信托财产归属的说法中，正确的是（　　）。

A. 信托一经设立，财产权便发生转移
B. 自信托开始后信托财产属于受益人
C. 受益人拥有向受托人要求以支付信托利益为内容的债权和对信托财产的产权
D. 信托财产只能归属于委托人

274. （单选题）根据信托法律制度的规定，对下列信托财产不得强制执行的是（　　）。

A. 设立信托前债权人已对该信托财产享有优先受偿的权利，并依法行使该权利的
B. 受托人处理信托事务所产生债务，债权人要求清偿该债务的
C. 受托人因信托财产的管理运用而取得的财产
D. 信托财产本身应担负的税款

275. （多选题）乙背书汇票给丙。丙见汇票出票人为在业内商誉不佳的甲，遂要求乙提供担保，乙请丁为该汇票作保证，丁在汇票背书栏签注"若甲出票真实，本人愿意保证"。后经了解甲已停业整顿。根据票据法律制度的规定，下列表述中，不正确的有（　　）。

A. 丁应承担一定赔偿责任
B. 丁只承担一般保证责任，不承担票据保证责任
C. 丁应当承担票据保证责任
D. 丁不承担任何责任

276. （多选题）根据证券法律制度的规定，下列各项中，属于操纵证券市场的行为的有（　　）。

A. 单独或者通过合谋，集中资金优势、持股优势或者利用信息优势联合或者连续买卖
B. 与他人串通，以事先约定的时间、价格和方式相互进行证券交易
C. 在自己实际控制的账户之间进行证券交易
D. 不以成交为目的，频繁或者大量申报并撤销申报

277. （多选题）2020 年 10 月 5 日甲以自己为被保险人向乙保险公司投保意外伤害险，保险合同约定：保险费按年分期支付；指定其妻子丙、儿子丁为受益人。保险公司承保并出具保单。2023 年 6 月甲失业，至 2023 年 12 月 15 日未能支付当期保险费。与本案相关的下列表述中，正确的有（　　）。

A. 甲不能指定两个以上的受益人
B. 甲可以指定两个以上的受益人

C. 甲至2023年12月15日未能支付当期保险费，保险合同终止

D. 甲至2023年12月15日未能支付当期保险费，保险合同中止

278. （多选题）下列各项中，属于信托财产范围的有（　　）。

A. 受托人因承诺信托而取得的财产

B. 受托人因信托财产的管理运用而取得的财产

C. 受托人因信托财产的处分而取得的财产

D. 受托人因其他情形而取得的财产，如被保险的信托财产因第三人的行为而灭失、毁损，根据保险单而取得的保险赔款

279. （判断题）投资者及其一致行动人是上市公司第一大股东或者实际控制人，或者拥有表决权的股份达到10%但未超过20%的，应当编制详式权益变动报告书。（　　）

280. （判断题）财产保险的被保险人在保险事故发生时，对保险标的应当具有保险利益。（　　）

281. （简答题）2022年1月10日，甲公司为支付100万元货款，向乙公司签发一张经丁银行承兑的商业承兑汇票，汇票上记载的付款日期为2022年4月30日。

2022年2月10日，乙公司为支付办公楼装修工程款，将该汇票背书转让给丙公司，同时在汇票上记载"装修验收合格后生效"的字样。

2022年5月15日，丙公司持该汇票请求丁银行付款，丁银行认为丙公司未按期提示付款，拒绝付款。

要求：根据上述资料和票据法律制度的规定，不考虑其他因素，回答下列问题。

（1）乙公司在背书转让汇票时的相关记载是否有效？简要说明理由。

（2）丙公司提示付款的期限是否超过？法律是如何规定的。

（3）丁银行是否可以拒绝付款？简要说明理由。

282. （综合题）2023年3月1日，为支付工程款项，甲公司向乙公司签发一张以A银行为承兑人、金额为150万元的银行承兑汇票。汇票到期日为2023年9月1日，A银行作为承兑人在汇票票面上签章；但出票时未记载付款地。

4月1日，乙公司将该汇票背书转让给丙公司，用于支付货物买卖价款。后因丙公司向乙公司出售的货品存在严重质量问题，双方发生纠纷。

5月1日，丙公司为支付广告费，将该汇票背书给丁公司。丁公司负责人知悉乙公司和丙公司之间买卖协议纠纷的详情，担心该汇票到期付款有障碍，于是要求丙公司提供担保，戊公司承诺就丙公司对丁公司的票据承担保证付款的责任。

6月1日，丁公司将该汇票背书转让给庚公司，以偿还所欠的租金。

9月2日，庚公司持该汇票向A银行提示付款，A银行以甲公司账户余额不足以支付票款为由拒绝付款。

庚公司遂向乙公司和丁公司追索。乙公司以和丙公司存在买卖协议纠纷为由，对庚公司的追索予以拒绝。丁公司向庚公司承担票据责任后，分别向乙公司和戊公司追索。乙公司仍以和丙公司存在买卖协议纠纷为由，对丁公司的追索予以拒

绝；戊公司则以自己承担的是一般保证为由拒绝承担票据责任。

要求：根据上述内容结合票据法律制度的规定，分别回答下列问题。

（1）该汇票出票时未记载付款地是否影响出票的效力？说明理由。

（2）A银行的拒绝付款理由是否成立？说明理由。

（3）乙公司拒绝庚公司追索的理由是否成立？说明理由。

（4）乙公司拒绝丁公司追索的理由是否成立？说明理由。

（5）戊公司拒绝承担保证责任的理由是否成立？说明理由。

刷提高

283.（单选题）根据票据法律制度的规定，票据的对物抗辩是指基于票据本身的内容而发生的事由所进行的抗辩。下列情形中，不属于对物抗辩的事由是（　　）。

A. 对票据日期进行了更改

B. 票据被伪造

C. 票据债务人无行为能力

D. 直接后手交付的货物存在质量问题

284.（单选题）保险人对保险合同中的保险责任免除条款未向投保人明确说明的，产生的后果是（　　）。

A. 保险合同无效

B. 该条款不产生效力

C. 对该条款作不利于保险人的解释

D. 可以减少投保人的保险费

285.（单选题）根据证券法律制度的规定，甲股份有限公司（以下简称甲公司）申请股票上市，下列选项中属于其申请股票上市应当符合的条件是（　　）。

A. 甲公司发行后股本总额不低于人民币3 000万元

B. 甲公司股本总额超过人民币4亿元的，公开发行股份的比例为15%以上

C. 最近2年财务会计报告被出具无保留意见审计报告

D. 甲公司股本总额未超过人民币4亿元，公开发行股份的比例为25%

286.（单选题）发行人因欺诈发行、虚假陈述或者其他重大违法行为给投资者造成损失的，发行人的控股股东、实制人、相关的证券公司可以委托特定主体，就赔偿事宜与受到损失的投资者达成协议，予以先行赔付。根据证券法律制度的规定，可以委托的主体是（　　）。

A. 投资者保护机构

B. 中国证监会

C. 国务院证券监督管理机构

D. 证券交易所

287. （单选题）根据保险法律制度的规定，投保人在订立保险合同时故意或因重大过失未履行如实告知义务，足以影响保险人决定是否同意承保或提高保险费率的，保险人有权解除合同。保险人解除合同的权利，自保险人知道有解除事由之日起，超过一定期限不行使而消灭，该期限为（   ）。

A. 30 日　　　　　B. 60 日　　　　　C. 3 个月　　　　D. 6 个月

288. （单选题）根据保险法律制度的规定，下列有关保险经纪人的表述中，正确的是（   ）。

A. 保险经纪人代表投保人的利益从事保险经纪行为

B. 保险经纪人可以是专门从事保险经纪活动的个人

C. 保险经纪人不能以自己的名义从事保险经纪行为

D. 保险经纪人向投保人和保险人双方收取佣金

289. （单选题）张先生年轻时创业投资多家公司，其个人股权、股票、房产等资产过亿元，其儿女对公司经营均不感兴趣，于是张先生将全部资产委托给甲信托公司管理。根据信托法律制度的规定，下列有关甲信托公司的表述中，不正确的是（   ）。

A. 甲信托公司不得以张先生的信托财产为自身利益进行交易

B. 甲信托公司必须将张先生信托财产与其固有财产分别管理、分别记账，并将不同委托人的信托财产分别管理、分别记账

C. 甲信托公司应当自行处理张先生的信托事务，不得委托他人代为处理

D. 甲信托公司必须保存处理张先生信托事务的完整记录

290. （单选题）依据信托法律制度的规定，下列关于信托变更情形的说法中，正确的是（   ）。

A. 信托文件规定的信托存续期间届满

B. 受托人报酬的变更，经信托当事人协商同意，可以增减其数额

C. 信托设立后，经委托人的同意，受托人可以辞任

D. 委托人可以不经受益人同意，变更受益人或者处分受益人的信托受益权

291. （多选题）根据票据法律制度规定，下列关于支票出票的表述中，正确的有（   ）。

A. 支票上的金额可以由出票人授权补记

B. 支票上记载不得转让的，支票不得转让

C. 支票上不得记载付款日期，记载付款日期的支票无效

D. 支票上未记载出票人签章的，支票无效

292. （多选题）根据证券法律制度的规定，投资人通过证券交易所的证券交易，投资者持有或通过协议、其他安排与他人共同持有一个上市公司已发行的有表决权股份达到 30% 时，继续增持股份的，应当采取向被收购公司的股东发出收购要约的方式进行收购，下列各项中投资人可以免于发出要约的情形有（   ）。

A. 因上市公司按照股东大会批准的确定价格向特定股东回购股份而减少股本，导致投资者在该公司中拥有权益的股份超过该公司已发行股份的 30%

B. 在一个上市公司中拥有权益的股份达到或者超过该公司已发行股份的 30% 的，继续增加其在该公司拥有的权益不影响该公司的上市地位

C. 经政府或者国有资产管理部门批准进行国有资产无偿划转、变更、合并，导致投资者在一个上市公司中拥有权益的股份占该公司已发行股份的比例超过 30%

D. 因继承导致在一个上市公司中拥有权益的股份超过该公司已发行股份的 30%

293. （多选题）根据保险法律制度的规定，下列关于保险利益的表述中，正确的有（　　）。

A. 保险利益必须是确定的、客观存在的利益，包括现有利益和期待利益

B. 财产保险的被保险人在保险事故发生时，对保险标的应当具有保险利益

C. 保险利益是当事人约定的，不需要法律认可

D. 人身保险的投保人在保险合同订立时，对被保险人应当具有保险利益

294. （多选题）根据信托法律制度的规定，下列信托中，属于自始当然无效信托的有（　　）。

A. 信托财产不能确定的

B. 委托人设立信托损害其债权人利益的

C. 专以诉讼或者讨债为目的设立信托的

D. 受益人或者受益人范围不能确定的

295. （判断题）根据票据法律制度对涉外票据法律适用的相关规定，凡我国缔结或者参加的国际条约同我国票据法有不同规定的，适用国际条约的规定。但是，我国声明保留的条款除外。（　　）

296. （判断题）股票发行价格可以按票面金额，也可以超过票面金额，但不得低于票面金额。（　　）

297. （判断题）投保人变更受益人未通知保险人，保险人主张变更对其不发生效力的，人民法院应予支持。（　　）

298. （简答题）2023 年 1 月 5 日，张某在某汽车 4S 店购买了一辆汽车，同日在甲保险公司买了交强险和商业险。商业险于次日生效，保险期间为 2023 年 1 月 6 日至 2024 年 1 月 5 日，甲保险公司向张某履行了保险法规定的提示和明确说明义务。2023 年 3 月 5 日，张某将该汽车转让给王某，张某将车辆转让事项通知了甲保险公司；甲保险公司未答复。次日，王某酒后驾驶汽车，发生单方交通事故，遂向甲保险公司报告索赔，甲保险公司以王某并非被保险人为由拒绝向其理赔。甲保险公司同时提醒王某，根据保险合同中的免责条款，因酒驾而发生交通事故的，保险公司不予理赔。王某认为购买汽车商业险没有起到保障作用，遂要求张某解除保险合同。2023 年 3 月 10 日，张某以投保人的身份向甲保险公司提出解除保险合同，甲保险公司以保险责任已开始为由拒绝退还保险费。

要求： 根据上述资料和保险法律制度的规定，不考虑其他因素，回答下列问题。

（1）甲保险公司以王某并非被保险人为由拒绝向其理赔，是否合法？简要说明理由。

（2）王某以甲保险公司未向其提示或明确说明该免责条款为由，主张条款不成为合同内容，是否合法？简要说明理由。

（3）甲保险公司以保险责任已经开始为由拒绝退还保险费是否合法？简要说明理由。

刷易错

299. （单选题）根据票据法律制度的规定，下列关于票据背书的说法错误的是（　　）。

A. 背书不得附有条件

B. 背书必须连续

C. 使用粘单的被背书人应当在汇票与粘单的粘接处签章

D. 被拒绝承兑的票据不得背书转让

300. （单选题）2023 年 11 月 2 日甲公司签发一张票面金额 20 万元的支票给乙公司，付款人为丁银行。次日，乙公司将支票背书转让给丙公司。2023 年 11 月 10 日丙公司请求丁银行付款。下列情形中丁银行可以拒绝付款的是（　　）。

A. 出票时未记载付款地

B. 甲公司在丁银行账户上的存款不足 20 万元

C. 丙公司按期提示付款

D. 乙公司转让支票时受让人丙公司自行记载自己的名称

301. （单选题）根据证券法律制度的规定，下列各项中，属于欺诈客户行为的是（　　）。

A. 丙公司与戊公司串通相互交易以抬高证券价格

B. 乙上市公司在上市公告书中夸大净资产金额

C. 甲证券公司未经客户的委托，擅自为客户买卖证券

D. 丁公司董事赵某提前泄露公司增资计划以使李某获利

302. （单选题）投资者与发行人、证券公司等发生纠纷，下列对投资者保护制度的表述不正确的是（　　）。

A. 普通投资者与证券公司等发生纠纷，普通投资者应当自行举证证明其行为不存在误导、欺诈投资等违法行为

B. 投资者与发行人、证券公司等发生纠纷的，双方可以向投资者保护机构申请调解

C. 投资者保护机构对损害投资者利益的行为，可以依法支持投资者向人民法院提起诉讼

D. 投资者提起虚假陈述等证券民事赔偿诉讼时，诉讼标的是同一种类，且当事人一方人数众多的，可以依法推选代表人进行诉讼

303. （单选题）人寿保险以外的其他保险的被保险人或者受益人，向保险人请求赔偿或者给付保险金的诉讼时效期间为（　　）年。

A. 1　　　　　B. 2　　　　　C. 5　　　　　D. 20

304. （单选题）根据保险法律制度的规定，下列表述正确的是（　　）。

A. 重复保险的投保人应当将重复保险的有关情况书面通知各保险人

B. 保险事故发生后，保险人已支付了全部保险金额，受损保险标的的全部权利归于保险人

C. 保险事故发生后，保险人向被保险人赔偿保险金后，被保险人未经保险人同意放弃对第三者请求赔偿的权利的，该行为无效

D. 保险人不得对被保险人的家庭成员或者其组成人员行使代位请求赔偿的权利

305. （单选题）李某的健康状况不符合保险合同约定的投保条件且足以影响承保决定，但李某的父亲为其投保时，故意隐瞒该情况。保险合同生效后 3 年，李某因所隐瞒的疾病死亡。有关本案的下列说法中，正确的是（　　）。

A. 保险人有权解除合同，但应退还保险费

B. 保险人不得解除合同，且应当给付保险金

C. 保险人有权解除合同，且不退还保险费

D. 保险人不得解除合同，但可以要求投保人承担违约责任

306. （单选题）依据信托法律制度，信托财产具有独立性的特征，下列说法正确的是（　　）。

A. 信托关系存续期间，受益人主张信托利益的同时，享有信托财产权

B. 信托财产与受托人的固有财产相区别，不得归入受托人的固有财产或者成为固有财产的一部分

C. 信托设立后，委托人死亡，信托终止，信托财产作为其遗产

D. 信托设立后，受托人死亡，信托终止，信托财产作为其遗产

307. （多选题）下列关于票据伪造及责任承担的表述中，不符合票据法律制度规定的有（　　）。

A. 出票人假冒他人名义签发票据的行为属于票据伪造

B. 票据上的被伪造人应向持票人承担票据责任

C. 票据伪造人应向持票人承担票据责任

D. 持票人行使追索权时，在票据上的真实签章人可以票据伪造为由进行抗辩

308. （多选题）根据《公司债券发行与交易管理办法》的规定，可以向专业投资者和普通投资者公开发行公司债券应当符合相关条件，下列表述中正确的有（　　）。

A. 发行人最近 2 年无债务违约或者延迟支付本息的事实

B. 发行人最近 3 年平均可分配利润不少于债券 1 年利息的 1.5 倍

C. 发行人最近 1 期期末净资产规模不少于 250 亿元

D. 发行人最近 36 个月内累计公开发行债券不少于 3 期，发行规模不少于 100 亿元

309. （多选题）甲运输公司因货物在运输中发生事故造成毁损，与乙保险公司发生财产保险合同纠纷，双方在合同中未约定管辖法院，甲运输公司提起诉讼。下列人民法院中，对该诉讼有管辖权的有（　　）。

A. 货物运输目的地法院

B. 甲运输公司住所地法院

C. 乙保险公司住所地法院

D. 保险事故发生地法院

310. （判断题）没有代理权而以代理人名义在票据上签章的，签章人应承担向持票人支付票据金额的义务。（　　）

311. （判断题）以不动产设立公益信托，以信托登记时间为信托生效时间。（　　）

312. （简答题）甲向乙签发了一张由甲承兑到期付款的商业承兑汇票。乙将汇票背书转让给丙，并在票面上记载"不得转让"字样。丙将票据背书转让给丁。在汇票到期前丁发现甲被法院宣告破产，并于当年 3 月 5 日取得了有关的法律文书。3 月 7 日和 10 日分别向乙和丙发出了追索通知。其中乙以其在票据上记载"不得转让"字样为由表示拒绝承担票据责任。丙则以丁的追索通知超期为由拒绝承担票据责任。

要求：根据上述内容和票据法律制度的相关规定，不考虑其他因素，分别回答下列问题。

（1）丁行使追索权的理由是否成立？简要说明理由。

（2）乙拒绝丁追索的理由是否成立？简要说明理由。

（3）丙拒绝丁追索的理由是否成立？简要说明理由。

刷通关

313. （单选题）下列关于汇票的出票，说法正确的是（　　）。

A. 汇票的出票日期是相对记载事项

B. 出票时未记载付款日期，票据无效

C. 出票时未记载付款地的，以付款人营业场所、住所地或经常居住地为付款地

D. 出票时未记载签发汇票原因的，汇票无效

314. （单选题）下列关于背书的记载事项说法正确的是（　　）。

A. 背书未记载日期的，视为在汇票到期日前背书

B. 背书未记载日期的，视为在汇票到期日后背书

C. 背书附条件的，背书无效

D. 背书未记载日期的，背书无效

315. （单选题）根据证券法律制度的规定，当事人对证券交易所作出的终止上市交易决定不服的，可以向特定机构设立的复核机构申请复核，该特定机构是（　　）。

A. 中国证监会　　　　　　　B. 投资者保护机构

C. 证券交易所　　　　　　　D. 证券业协会

316. （单选题）下列关于要约收购的说法正确的是（　　）。

  A. 要约确定的承诺期限内，收购人可以撤销其收购要约

  B. 收购人持有被收购的上市公司股票，收购行为完成后 15 个月内不得转让

  C. 收购人不得采取要约规定以外的形式和超出要约的条件购入被收购公司的股票

  D. 收购要约公告后，收购人对部分上市公司的股东提高收购价格

317. （单选题）信托财产有多个信托受益人的，其中部分信托受益人放弃信托受益权的，被放弃的信托受益权的归属确定顺序正确的是（ ）。

  A. 信托文件规定的人，其他受益人，委托人或者其继承人

  B. 其他受益人，委托人或者其继承人，信托文件规定的人

  C. 委托人或者其继承人，其他受益人，信托文件规定的人

  D. 信托文件规定的人，委托人或者其继承人，其他受益人

318. （单选题）根据保险法律制度的规定，人寿保险合同中的被保险人在宽限期内发生保险事故时，有关保险人权利义务的下列表述中，正确的是（ ）。

  A. 保险人应当按照合同约定给付保险金，但可以扣减欠交的保险费

  B. 因投保人违约，保险人无须给付保险金

  C. 保险人有权解除保险合同，并拒绝退还现金价值

  D. 保险人有权通过诉讼的方式要求投保人支付保险费

319. （单选题）根据保险法律制度的规定，人寿保险的保险金请求权，其诉讼时效期间是（ ）年。

  A. 2   B. 3   C. 4   D. 5

320. （单选题）根据信托法律制度的规定，下列财产中，不得作为信托财产的是（ ）。

  A. 不动产   B. 股票   C. 商誉   D. 知识产权

321. （单选题）根据信托法律制度的规定，下列关于共同受托人共同处理信托事务的表述中，正确的是（ ）。

  A. 共同受托人之一处理信托事务不当致使信托财产受到损失的，其他受托人无须承担赔偿责任

  B. 第三人对共同受托人之一所作的意思表示，对其他受托人不具有法律效力

  C. 共同受托人共同处理信托事务，意见不一致时，按照半数以上共同受托人的意见处理

  D. 共同受托人应当共同处理信托事务，但信托文件规定对某些具体事务由受托人分别处理的，从其规定

322. （多选题）下列情形中，导致汇票无效的有（ ）。

  A. 出票人签章不符合法律规定

  B. 保证附有条件

  C. 票据金额中文大写与数码记载不一致

  D. 未记载收款人

323. （多选题）根据证券法律制度的规定，下列关于非公开募集基金的表述中，正确

的有（　　）。

A. 非公开募集基金不得向投资者承诺投资本金不受损失

B. 社会保障基金视为非公开募集基金的合格投资者

C. 非公开募集必须设定基金托管人

D. 中国证监会负责审批非公开募集基金的发行

324. （多选题）张某与保险公司拟签订一份人身保险合同，合同约定张某为投保人和受益人，张某的妻子王某为被保险人。下列关于相关当事人权利义务的表述中，正确的有（　　）。

A. 若王某同意张某作为受益人，应认定为王某同意张某为其订立保险合同并认可保险金额

B. 若张某将保险受益人变更为王某的女儿，无须经王某同意

C. 若保险合同约定以王某死亡为给付保险金的条件，未经王某书面同意，保险单不得质押

D. 若保险合同约定以王某死亡为给付保险金的条件，王某可以在合同订立时采取口头形式同意并认可保险金额

325. （判断题）未记载付款人或者无法确定付款人及其代理付款人的票据不能挂失止付。（　　）

326. （判断题）在上市公司收购要约确定的承诺期限内，收购人有权撤销其收购要约。（　　）

327. （判断题）信托一经成立，即产生法律约束力。（　　）

328. （简答题）A 公司于 2017 年 5 月 6 日由 B 企业、C 企业等 6 家企业作为发起人共同以发起设立方式成立，成立时的股本总额为 8 200 万股（每股面值为人民币 1 元，下同）。A 公司发生下列业务：

（1）2021 年 8 月 9 日，A 公司获准首次发行 5 000 万股社会公众股，并于同年 10 月 10 日在证券交易所上市。此次发行完毕后，A 公司的股本总额达到 13 200 万股。

（2）2022 年 5 月，为扩大生产规模，A 公司打算于 2022 年 7 月增发新股筹集资金。在董事会草拟的方案中有以下几点：①该次发行面值为 6 000 万元人民币的新股，全部向社会募集；②委托 H 证券公司独家代销，代销期为 98 天；③该增发新股方案将由股东大会以一般决议方式通过。

要求：根据上述资料及有关法律规定，回答下列问题。

（1）A 公司首次发行上市后，其股本结构中社会公众股所占股本总额比例是否符合法律规定？简要说明理由。

（2）A 公司的增发新股方案是否符合法律规定？简要说明理由。

第七章　财政法律制度

刷基础

329. （单选题）根据预算法律制度的规定，国家实行财政转移支付制度，下列表述不正确的是（　　）。

A. 财政转移支付制度包括一般性转移支付和专项转移支付

B. 均衡性转移支付是一般性转移支付

C. 对老少边穷地区的财力补助属于专项转移支付

D. 市场竞争机制能够有效调节的事项不得设立专项转移支付

330. （单选题）根据预算法律制度的规定，下列不属于一般公共预算收入的是（　　）。

A. 税收收入
B. 国有资产有偿使用收入
C. 转移性收入
D. 国有产权转让收入

331. （单选题）根据企业国有资产法律制度的规定，代表国家行使企业国有资产所有权的是（　　）。

A. 国务院
B. 中国人民银行
C. 国有资产监督管理委员会
D. 财政部

332. （单选题）根据预算法律制度的规定，国务院和县级以上地方各级人民政府对下一级人民政府依《预算法》规定报送备案的决算认为同法律相抵触，需要撤销批准该预算的决议时，应当提请特定机关审议决定，该特定机关是（　　）。

A. 上一级人民代表大会

B. 本级人民代表大会常务委员会

C. 本级人民代表大会

D. 上一级人民政府

333. （单选题）根据政府采购法律制度的规定，下列关于邀请招标的表述中，正确的是（　　）。

A. 采用公开招标方式的费用占政府采购项目总价值比例过大的，可以采用邀请招标方式

B. 采用邀请招标方式采购，资格预审公告的期限为5个工作日

C. 投标人应当在资格预算公告期结束之日起5个工作日前，按公告要求提交资格证明文件

D. 招标采购单位应从评审合格的投标人中通过抽签方式选择的三家投标人，向其发出投标邀请书

334. （多选题）下列关于国库集中收付制度的说法中，正确的有（　　）。

A. 国库集中收缴、集中支付

B. 县级以上各级预算必须设国库

C. 国库库款的支配权属于本级政府财政部门

D. 中央国库业务由财政部门经理

335. （多选题）根据《政府采购法》的规定，下列招标采购的情形中，应予废标的有（　　）。

A. 符合专业条件的供应商或者对招标文件作实质响应的供应商不足 5 家的

B. 出现影响采购公正的违法、违规行为的

C. 投标人的报价均超过了采购预算，采购人不能支付的

D. 因重大变故，采购任务取消的

336. （判断题）各级一般公共预算支出的编制，应当统筹兼顾，在保证基本公共服务合理需要的前提下，优先安排国家指定的支出。（　　）

337. （判断题）国有独资企业、国有独资公司的重大资产处置，应当由国有资产监督管理机构审核后，报本级人民政府批准。（　　）

刷提高

338. （单选题）根据预算法律制度的规定，国有土地使用权出让金收入属于（　　）。

A. 一般公共预算　　　　　　　　　　B. 政府性基金预算

C. 国有资本经营预算　　　　　　　　D. 社会保险基金预算

339. （单选题）甲国有独资公司（以下简称甲公司）的经理王某，其儿子与同学共同投资设立乙科技发展有限公司。根据企业国有资产管理法律的规定，甲公司的下列行为，符合法律规定的是（　　）。

A. 甲公司出借 100 万元帮助乙公司启动

B. 甲公司以保证人的身份为乙公司向丙银行借款设立担保

C. 甲公司与乙公司签订仓库租赁协议，租期 1 年，月租金 3 万元

D. 甲公司闲置一辆运输车，以 8 万元的价格出售给乙公司

340. （单选题）政府采购监督管理部门在处理投诉事项期间，可以视具体情况书面通知采购人暂停采购活动，但暂停时间最长不得超过（　　）日。

A. 15　　　　　　　　B. 20　　　　　　　　C. 5　　　　　　　　D. 30

341. （单选题）根据政府采购法律制度的规定，采购人与中标、成交供应商应当在中标、成交通知书发出之日起一定期限内，按照采购文件确定的事项签订政府采购合同。该期限为（　　）日。

A. 15 B. 20 C. 30 D. 10

342. （单选题）甲市税务局委托采购代理机构通过招投标的方式采购办公设备更新的项目，其预算金额300万元。根据政府采购法律制度的规定，政府采购招标的投标保证金不得超过（ ）万元。

A. 3 B. 6 C. 15 D. 30

343. （多选题）下列各项中，属于一般公共预算支出按照经济性质分类的有（ ）。

A. 工资福利支出 B. 商品和服务支出
C. 资本性支出 D. 环境保护支出

344. （多选题）根据国有资产管理法律制度的规定，下列行政事业性国有资产中，应当及时予以报废、报损的有（ ）。

A. 可满足现有工作需要但已超过使用年限的资产
B. 因技术原因需淘汰的资产
C. 因不可抗力造成毁损的资产
D. 非正常损失的资产

345. （判断题）孙某参与甲国家机关的某采购项目，其父为参与投标乙公司的总经理，所以孙某应当回避。（ ）

刷易错

346. （单选题）根据预算法律制度的规定，经批准的中央预算在执行中出现下列情形时，不需要进行预算调整的是（ ）。

A. 需要增加预算总支出的
B. 需要减少举借债务数额的
C. 需要调入预算稳定调节基金的
D. 需要调减预算安排的重点支出数额的

347. （单选题）甲公司为国有独资公司，根据企业国有资产法律制度的规定，下列各项中，不属于甲公司关联方的是（ ）。

A. 甲公司的经理
B. 甲公司的财务负责人
C. 甲公司副经理的朋友李某
D. 甲公司监事实际控制的乙公司

348. （单选题）根据预算法律制度的规定，下列关于预算支出的表述，错误的是（ ）。

A. 为全面反映政府各项收支情况，一般公共预算支出按支出功能和支出经济性质分类编制
B. 各级一般公共预算支出的编制，应当统筹兼顾，在保证基本公共服务合理需要

的前提下，优先安排国家确定的重点支出

C. 各级预算支出的编制，应当贯彻勤俭节约的原则

D. 地方各级预算按照量出为入、收支平衡的原则编制

349. （单选题）根据政府采购法律制度的规定，下列关于政府采购合同的表述，不正确的是（　　）。

A. 政府采购合同应当采用书面形式

B. 中标、成交通知书发出后，采购人改变中标、成交结果的，采购合同无效

C. 采购人可以委托采购代理机构代表其与供应商签订政府采购合同

D. 经采购人同意，中标、成交供应商可以依法采取分包方式履行合同

350. （单选题）政府采购文件从采购结束之日起至少保存（　　）年。

A. 10　　　　　　B. 15　　　　　　C. 20　　　　　　D. 25

351. （多选题）根据《企业国有资产法》的规定，下列选项中，有权对企业国有资产监督的有（　　）。

A. 各级人民代表大会常务委员会　　　B. 各级审计机关

C. 会计师事务所　　　　　　　　　　D. 公民个人

352. （多选题）根据政府采购法律制度规定，下列各项中，属于以不合理的条件对供应商实行差别待遇或歧视的有（　　）。

A. 指定特定的专利、商标、品牌或供应商

B. 设定与合同履行有关的资格、技术和商务条件

C. 就同一采购项目向供应商提供有差别的项目信息

D. 对供应商采取不同的资格审查或评审标准

353. （判断题）集中采购机构是设区的市级以上人民政府依法设立的非营利事业法人。（　　）

刷通关

354. （单选题）国有独资企业、国有独资公司的重大资产处置，需由（　　）批准，依照有关规定执行。

A. 财政部　　　　　　　　　　　　　B. 国务院

C. 国有资产监督管理机构　　　　　　D. 中国人民银行

355. （单选题）国有控股的甲股份有限公司下列行为应当由国有资产监督管理机构审核后，报本级人民政府批准的是（　　）。

A. 增减注册资本

B. 发行公司债券

C. 公司合并

D. 转让部分国有股权致使国家不再拥有控股地位

356. （单选题）根据国有资产管理法律制度的规定，行政事业性国有资产的下列配置方式中，各部门及其所属单位应当优先采用的是（　　）。

A. 购置　　　　　B. 租用　　　　　C. 调剂　　　　　D. 建设

357. （单选题）政府招标采购中因出现特定情形废标后，下列选项中处理正确的是（　　）。

A. 废标后，采购人应当将废标理由通知所有投标人

B. 废标后，除采购任务取消情形外，应当重新组织招标

C. 废标后，重新组织招标，应当在采购活动开始前向人民政府有关部门备案

D. 废标后，需要采取其他方式采购的，应当在采购活动开始前获得设区的市、自治州以上人民政府批准

358. （单选题）下列各项中负责政府采购监督管理的部门的是（　　）。

A. 各级人民政府财政部门　　　　　　B. 国有资产监督管理部

C. 各级审计部门　　　　　　　　　　D. 权力机关

359. （多选题）根据预算法律制度的规定，下列关于预算执行的表述中，正确的有（　　）。

A. 各级一般公共预算的结余资金，应当补充预算稳定调节基金

B. 各级国库库款的支配权属于本级人民政府财政部门

C. 各级政府、各部门、各单位应当对预算支出情况开展绩效评价

D. 各级政府可以向预算收入征收部门和单位下达收入指标

360. （多选题）下列各项中可以成为政府采购的采购人的有（　　）。

A. 国家机关　　　B. 事业单位　　　C. 团体组织　　　D. 国有企业

第二部分

速刷题参考答案及解析

第一章　总　论

1. 【答案】A　【解析】选项A，法律体系的组成部分是法律部门。

2. 【答案】B　【解析】选项A，属于效力待定的民事法律行为。选项C、D，属于无效民事法律行为。

3. 【答案】D　【解析】选项A、B、C，属于可撤销的民事法律行为。

4. 【答案】A　【解析】选项A，根据仲裁法律制度的规定，合法有效的仲裁协议对双方当事人诉权的行使产生一定的限制，即在当事人双方发生协议约定的争议时，任何一方只能将争议提交仲裁，而不能向人民法院起诉。因甲、乙双方选择了仲裁方式，所以甲企业直接向人民法院提起民事诉讼，人民法院不应受理。选项B、C，仲裁协议对仲裁事项或仲裁委员会没有约定或者约定不明确的，当事人可以补充协议；达不成补充协议的，仲裁协议无效。选项D，仲裁裁决书自作出之日起发生法律效力（或裁或审），甲、乙企业对仲裁裁决不服的，不得向人民法院起诉。

5. 【答案】C　【解析】选项C，因侵权行为提起的诉讼，由侵权行为地（包括侵权行为实施地、侵权结果发生地）或者被告住所地人民法院管辖。

6. 【答案】A　【解析】公民、法人或其他组织直接向人民法院提起诉讼的，应当自知道或应当知道行政处罚之日起6个月内提出。法律另有规定除外。

7. 【答案】AB　【解析】选项A，建设工程合同应当以书面形式订立，属于要式法律行为；选项B，标的额3 000万元属于有偿法律行为；选项C，由甲公司和乙公司在合同上签字盖章时合同生效属于多方法律行为；选项D，建设工程合同，不需要有其他法律行为的存在就可以独立成立，属于主法律行为。

8. 【答案】AD　【解析】选项B，仲裁员有下列情形之一，必须回避，当事人也有权提出回避申请：（1）是本案当事人或者当事人、代理人近亲属；（2）与本案有利害关系；（3）与本案当事人、代理人有其他关系，也许影响公正仲裁；（4）私自会见当事人、代理人，或者接受当事人、代理人请客送礼。选项C，仲裁庭认为有必要收集证据的可以自行收集。

9. 【答案】ABD　【解析】选项C，纳税人与税务机关因税收征纳争议提起诉讼，应当适用行政诉讼程序。

10. 【答案】ABC　【解析】当事人对行政机关的具体行政行为不服，可以申请行政复议。行政复议的排除事项如下：（1）当事人不服行政机关作出的行政处分或者其他人事决定时，不能提起行政复议。（2）当事人不服行政机关对民事纠纷的调解，可以依法申请仲裁或者向人民法院提起民事诉讼，但不能提起行政复议。

11. 【答案】× 【解析】法律体系是指由一国现行的全部法律规范按照不同的法律部门分类组合而形成的有机联系的统一整体。法律体系只包括现行有效的国内法，不包括历史上废止、已不再有效的法律，也不包括国际法。

12. 【答案】√ 【解析】重大误解的当事人自知道或者应当知道撤销事由之日起 90 日内没有行使撤销权的，撤销权消灭。

13. 【答案】× 【解析】行政复议机关对不符合法律规定的行政复议申请，决定不予受理，书面告知申请人。

刷提高

14. 【答案】B 【解析】单方法律行为，是指依一方当事人的意思表示而成立的法律行为，例如委托代理的撤销、无权代理的追认等。

15. 【答案】B 【解析】行为人没有代理权、超越代理权或者代理权终止后，仍然实施代理行为，相对人有理由相信行为人有代理权的，代理行为有效。被代理人将某种有代理权的证明文件（如盖有公章的空白合同文本）交给他人，他人以该种文件使第三人相信其有代理权并与之进行法律行为是表见代理。

16. 【答案】B 【解析】下列案件，不适用简易程序：起诉时被告下落不明的（选项 B，起诉时被告在国外，并非"下落不明"）；发回重审的（选项 C）；当事人一方人数众多的（选项 A）；适用审判监督程序的；涉及国家利益、社会公共利益的（选项 D）；第三人起诉请求改变或者撤销生效判决、裁定、调解书的；其他不宜适用简易程序的案件。本题选项 B 正确。

17. 【答案】C 【解析】选项 A，当事人未提出诉讼时效抗辩，人民法院不对诉讼时效问题进行释明及主动适用诉讼时效的规定进行裁判；选项 B，当事人在一审期间未提出诉讼时效抗辩，在二审期间基于新的证据提出的，人民法院应予支持；选项 D，诉讼时效期间届满权利人的实体权利并不消灭，债务人自愿履行的，不受诉讼时效限制，但当事人自愿履行义务后以诉讼时效期间届满为由抗辩的，人民法院不予支持。

18. 【答案】D 【解析】绝大多数具体行政行为引发的经济纠纷，行政相对人具有可复议可诉讼的选择权，但是，当事人的这种自由选择并不绝对。在可复议可诉讼之外，还存在先复议后诉讼、只复议不诉讼和或诉讼或裁决三种情况。

19. 【答案】A 【解析】经复议的案件，复议机关决定维持原行政行为的，作出原行政行为的行政机关和复议机关是共同被告；复议机关改变原行政行为的，复议机关是被告。

20. 【答案】ABC 【解析】选项 D，可撤销法律行为被依法撤销后，法律行为从行为开始起无效，具有与无效法律行为相同的法律后果。

21. 【答案】AB 【解析】委托代理终止的法定情形有：①代理期间届满或者代理事务完成；②被代理人取消委托或代理人辞去委托；③代理人或被代理人死亡（选项B）；④代理人丧失民事行为能力（选项A）；⑤作为被代理人或代理人的法人、非法人组织终止。被代理人死亡后，有下列情形之一的，委托代理人实施的代理行为仍有效：①代理人不知道并且不应当知道被代理人死亡；②被代理人的继承人予以承认；③授权中明确代理权在代理事务完成时终止；④被代理人死亡前已经实施，为了被代理人的继承人的利益继续代理（选项D）。选项C，属于法定代理终止的法定情形。

22. 【答案】CD 【解析】选项A，法院调解适用一审程序、二审程序与再审程序审理的民事案件。选项B，法院调解不是审理各类民事纠纷案件的必经程序，是根据当事人自愿的原则进行调解。

23. 【答案】ABC 【解析】行政复议参加人包括申请人、被申请人和第三人。选项A、B、C正确。

24. 【答案】√ 【解析】要式法律行为是指法律明确规定或当事人明确约定必须采取一定形式或履行一定程序才能成立的法律行为。《民法典》规定融资租赁合同、保证合同、抵押合同应当采用书面形式。

25. 【答案】× 【解析】法律规定，人民法院审理民事案件，除涉及国家秘密、个人隐私或者法律另有规定的以外，应当公开进行。离婚案件，涉及商业秘密的案件，当事人申请不公开审理的，可以不公开审理。

刷易错

26. 【答案】B 【解析】选项A、B，"期限"一定会届至，"条件"不一定会成就。"年内结婚"属于附条件。选项C、D错误，本题所述内容属于多方法律行为。

27. 【答案】A 【解析】选项B，重大误解当事人的撤销权自知道或者应当知道撤销事由之日起90日内行使撤销权；选项C，受胁迫当事人自胁迫行为终止之日起1年内行使撤销权；选项D，当事人自民事法律行为发生之日起5年内没有行使撤销权的，撤销权消灭。

28. 【答案】A 【解析】附期限的法律行为，是指当事人在法律行为中约定一定的期限，并从该期限的到来作为法律行为生效或解除的根据。期限是必然要到来的事实，这是期限与条件的根本区别。附生效期限的合同，自期限届至时生效，附终止期限的合同，自期限届满时失效。

29. 【答案】C 【解析】代理人不得以被代理人的名义与自己同时代理的其他人实施民事法律行为，但是被代理的双方同意或者追认的除外。

30. 【答案】A 【解析】专属管辖的案件主要有三类：（1）因不动产纠纷提起的诉讼，

由不动产所在地人民法院管辖。（2）因港口作业中发生纠纷提起的诉讼，由港口所在地人民法院管辖。（3）因继承遗产纠纷提起的诉讼，由被继承人死亡时住所地或者主要遗产所在地人民法院管辖，选项 A 正确。

31.【答案】C 【解析】选项 A，诉讼时效期间自权利人知道或者应当知道权利受到损害以及义务人之日起计算。法律另有规定的，依照其规定，但是自权利受到损害之日起超过 20 年的，人民法院不予保护。选项 B，义务人未提出诉讼时效抗辩的，人民法院不应对诉讼时效问题进行释明及主动适用诉讼时效的规定进行裁判。选项 D，诉讼时效期间的中止是指诉讼时效期间行将完成之际，因发生一定的法律事由而使权利人不能行使请示权，暂时停止计算诉讼时效期间，以前经过的时效期间仍然有效，待阻碍时效进行的事由消失后，继续计算诉讼时效期间。

32.【答案】C 【解析】行政诉讼不予受理的范围：抽象行政行为、行政法规、规章或者行政机关制定、发布的具有普遍约束力的决定、命令（选项 A）。行政机关对行政机关工作人员的奖惩、任免（选项 B）。对劳动仲裁不服的，应提起民事诉讼（选项 D）。

33.【答案】ABC 【解析】选项 A，赵某对买卖标的物存在重大误解，合同可撤销；选项 B、C，李某、吴某欺诈、胁迫合同对方当事人，合同可撤销；选项 D，属于效力待定合同。

34.【答案】BCD 【解析】选项 B，对于人身伤害损害赔偿的诉讼时效期间的起算，伤害明显的，从受伤之日起算；伤害当时未发现，后经检查确诊的，从伤势确诊之日起算。选项 C，债务分期履行的，诉讼时效期间自最后一期履行期限届满之日起算。选项 D，无民事行为能力人对其法定代理人的请求权的诉讼时效，自该法定代理终止之日起算。

35.【答案】ABCD 【解析】选项 A、B、C、D 表述均符合相关法律规定。

36.【答案】√ 【解析】行为人没有代理权、超越代理权或者代理权终止后，仍然实施代理行为，相对人有理由相信行为人有代理权的，代理行为有效。

37.【答案】× 【解析】仲裁裁决书自作出之日起发生法律效力。

38.【答案】× 【解析】两审终审制度是指一个诉讼案件经过两级人民法院审判后即终结的制度。一个案件经第一审人民法院审判后，当事人如果不服，有权在法定期限内向上一级人民法院提起上诉。未经当事人提起上诉不发生第二审程序。因为不是所有的民事诉讼案件都需经过两审终审。

刷通关

39.【答案】B 【解析】意思表示是法律行为的核心要素。

40.【答案】B 【解析】选项 A、D，赵某年龄不足 8 周岁、钱某不能辨认自己的行为，二者均属于无民事行为能力人，无民事行为能力人独立实施的民事法律行为无效；

选项 B，孙某属于限制民事行为能力人，限制民事行为能力人独立实施的纯获利益的民事法律行为，直接有效，不必征得其法定代理人的同意；选项 C，李某属于限制民事行为能力人，限制民事行为能力人独立实施的与其年龄、智力、精神健康状况相适应的民事法律行为，直接有效。

41. 【答案】A 【解析】选项 A、B，甲的行为构成无权代理，由于丙公司已知甲离职的事实，不能构成表见代理，该买卖合同效力待定；选项 C，只有"善意"相对人才享有撤销权，丙公司并非善意相对人；选项 D，相对人有权催告被代理人在收到通知之日起 30 日内予以追认，被代理人未作表示的，视为拒绝追认（合同归于无效）。

42. 【答案】C 【解析】选项 A、B，属于民事诉讼受理范围，不适用仲裁法的解决途径。选项 D，属于行政争议，不适用仲裁。

43. 【答案】B 【解析】选项 B，中级人民法院对第一审适用简易程序审结或者不服裁定提起的第二审民事案件，事实清楚、权利义务关系明确的，经双方当事人同意，可以由审判员一人独任审理。

44. 【答案】D 【解析】根据司法解释的规定，当事人对下列债权请求权提出诉讼时效抗辩的，人民法院不予支持：（1）支付存款本金及利息请求权（选项 D）；（2）兑付国债、金融债券以及向不特定对象发行的企业债券本息请求权；（3）基于投资关系产生的缴付出资请求权；（4）其他依法不适用诉讼时效规定的债权请求权。

45. 【答案】C 【解析】公民、法人或者其他组织对行政机关作出的警告、罚款、没收违法所得、没收非法财物、责令停产停业、暂扣或者吊销许可证、暂扣或者吊销执照、行政拘留等行政处罚决定不服的，可以申请行政复议。

46. 【答案】ABD 【解析】选项 A、D，受欺诈方自知道或者应当知道撤销事由之日起一年内可以行使撤销权。在本题中，苏某 2023 年 4 月 1 日行使撤销权，距 2022 年 4 月 20 日知道撤销事由不足 1 年，苏某的请求法院应予支持。选项 B，可撤销法律行为的撤销由享有撤销权的当事人行使，法院不主动干预。选项 C，在该行为被撤销前，其效力已经发生。

47. 【答案】ACD 【解析】有下列情形之一的，仲裁协议无效：（1）约定的仲裁事项超过法律规定的仲裁范围的；（2）无民事行为能力人或限制民事行为能力人订立的仲裁协议；（3）一方采取胁迫手段，迫使对方订立仲裁协议的。此外，仲裁协议对仲裁事项或仲裁委员会没有约定或者约定不明确的，当事人可以补充协议；达不成补充协议的，仲裁协议无效。

48. 【答案】ACD 【解析】因侵权行为提起的诉讼，由侵权行为地或者被告住所地人民法院管辖。侵权行为地，包括侵权行为实施地、侵权结果发生地。在本题中，侵权行为实施地是 N 地，侵权结果发生地是 M 地，被告为甲企业。

49. 【答案】AD 【解析】选项 B，对不符合法律规定的行政复议申请，决定不予受理，书面告知申请人。选项 C，行政复议机关受理行政复议申请，不得向申请人收取任何费用。

50. 【答案】× 【解析】意思表示即为法律行为的一般成立要件。已成立的法律行为不一定必然发生法律效力，只有具备一定生效条件的法律行为，才能产生预期的法律效果。

51. 【答案】√ 【解析】人民法院审理民事诉讼案件，调解制度贯穿始终。人民法院审理行政案件，不适用调解。但是，行政赔偿、补偿以及行政机关行使法律、法规规定的自由裁量权的案件可以调解。

第二章　公司法律制度

刷基础

52.【答案】C【解析】公司可以设立子公司，子公司具有法人资格，依法独立承担民事责任。分公司没有独立的公司名称、章程，没有独立的财产，不具有法人资格，但可领取营业执照，进行经营活动，其民事责任由总公司承担。

53.【答案】C【解析】出资人以符合法定条件的非货币财产出资后，因市场变化或者其他客观因素导致出资财产贬值，公司、其他股东或者公司债权人请求该出资人承担补足出资责任的，人民法院不予支持。但是，当事人另有约定的除外。

54.【答案】D【解析】公司为股东或者实际控制人提供担保的，必须经股东会决议，该项表决由出席会议的其他股东（不含接受担保的股东）所持表决权的过半数通过。

55.【答案】A【解析】选项A，股份有限公司采取发起设立方式设立的，注册资本为在公司登记机关登记的全体发起人认购的股本总额。选项B、C，属于募集设立股份有限责任公司的条件和程序。选项D，设立股份有限公司，应当有2人以上200人以下为发起人，其中须有半数以上的发起人在中国境内有住所。

56.【答案】A【解析】股东请求公司分配利润案件，应当列公司为被告。一审法庭辩论终结前，其他股东基于同一分配方案请求分配利润并申请参加诉讼的，应当列为共同原告。

57.【答案】C【解析】根据规定，有下列情形之一的，应当在2个月内召开临时股东会会议：（1）董事人数不足《公司法》规定人数或者公司章程所定人数的2/3时（选项A，5/7＝71.43%大于2/3）。（2）公司未弥补的亏损达实收股本总额1/3时（选项B，1 600/6 000＝26.67%小于1/3）。（3）单独或者合计持有公司10%以上股份的股东请求时（选项C）。（4）董事会认为必要时。（5）监事会提议召开时（选项D）。（6）公司章程规定的其他情形。

58.【答案】A【解析】根据规定，公司应当按照如下顺序进行利润分配：（1）弥补以前年度的亏损，但不得超过税法规定的弥补期限。（2）缴纳所得税，即公司应依我国《企业所得税法》的规定缴纳企业所得税。（3）弥补在税前利润弥补亏损之后仍存在的亏损。（4）提取法定公积金。（5）提取任意公积金。（6）向股东分配利润。

59.【答案】ABCD【解析】以上表述均符合法律规定。

60. 【答案】 AB 【解析】 选项 A，全体股东认缴的出资额由股东按照公司章程的规定自公司成立之日起 5 年内缴足。法律、行政法规以及国务院决定对有限责任公司注册资本实缴、注册资本最低限额、股东出资期限另有规定的，从其规定。这是今年公司法修订的重点内容，请考生注意。选项 B，股东可以用货币出资，也可以用实物、知识产权、土地使用权、股权、债权等可以用货币估价并可以依法转让的非货币财产作价出资，劳务不能用货币估价，因此不能出资。选项 C，股份有限公司成立后，发现作为设立公司出资的非货币财产的实际价额显著低于公司章程所定价额的，应当由交付该出资的发起人补足其差额，公司设立时的其他发起人承担连带责任。选项 D，股东认足公司章程规定的出资后，由全体股东指定的代表或者共同委托的代理人向公司登记机关报送公司登记申请书、公司章程等文件，申请设立登记。

61. 【答案】 AD 【解析】 选项 A，发起人应当在股款缴足之日起 30 日内主持召开公司成立大会。选项 B，发起人在 30 日内未召开成立大会的，认股人可以按照所缴股款并加算银行同期存款利息，要求发起人返还。选项 C，成立大会应有持有表决权过半数的认股人出席，方可举行。选项 D，成立大会对通过公司章程作出决议，必须经出席会议的认股人所持表决权过半数通过。

62. 【答案】 ABC 【解析】 选项 D，股东以知情权、利润分配请求权等权益受到损害，或者公司亏损、财产不足以偿还全部债务，以及公司被吊销企业法人营业执照未进行清算等为由，提起解散公司诉讼的，人民法院不予受理。

63. 【答案】 × 【解析】 法律规定，公司的法定代表人在任职期间发生不得担任公司法定代表人情形的，应当向登记机关申请变更登记。

64. 【答案】 × 【解析】 股份有限公司可以采取发起设立或者募集设立的方式。发起设立，是指由发起人认购设立公司时应发行的全部股份而设立公司。募集设立，是指由发起人认购设立公司时应发行股份的一部分，其余股份向特定对象募集或者向社会公开募集而设立公司。

65. 【答案及解析】

(1) 法院不应该支持魏某的请求。根据规定，有限责任公司的股东未履行出资义务或者抽逃全部出资，经公司催告缴纳或者返还，其在合理期间内仍未缴纳或者返还出资，公司以股东会决议解除该股东的股东资格，该股东请求确认该解除行为无效的，人民法院不予支持。

(2) 陈某有权请求魏某承担违约责任。对于股东不按照规定缴纳出资的，《公司法》规定，除该股东应当向公司足额缴纳外，还应当向已按期足额缴纳出资的股东承担违约责任。该违约责任除出资部分外，还包括未出资的利息。

(3) 甲公司有权请求陈某、孙某承担连带责任。根据规定，有限责任公司成立后，发现作为设立公司出资的非货币财产的实际价额显著低于公司章程所定价额时，应当由交付该出资的股东补足其差额，公司设立时的其他股东承担连带责任。

66. 【答案及解析】

(1) 甲公司的副董事长李某担任 A 公司董事长不符合法律规定。

根据规定，国有独资公司的董事、高级管理人员，未经国有资产监督管理机构同意，不得在其他有限责任公司、股份有限公司或者其他经济组织兼职。

（2）①A 公司召开临时股东会的时间符合法律规定。

根据规定，股份有限公司在出现召开临时股东会的法定事由时，应当在 2 个月内召开临时股东大会。本题中 A 公司是在 2021 年 2 月出现董事会 9 名董事中，4 名辞职，董事人数不足公司章程所定 2/3 的召开临时股东会情形的，2021 年 3 月召开的临时股东会，在时间上符合 2 个月内召开的法律规定。

②A 公司召开临时股东会通知股东的时间不符合法律规定。

根据规定，公司董事会应当于临时股东会召开 15 日前公告会议的召开时间、地点和审议事项。本题中，临时股东会会议召开 10 日前董事会才通知各股东，公告会议召开的时间、地点和审议事项，不符合法律规定。

（3）A 公司临时股东会讨论增补职工代表董事不符合法律规定。

根据规定，股份有限公司股东会有权选举和更换非由职工代表担任的董事、监事，决定有关董事、监事的报酬事项，董事会中的职工代表由公司职工通过职工代表大会、职工大会或者其他形式民主选举产生。因此，A 公司临时股东会讨论增补职工代表的董事不符合法律规定。

（4）A 公司与 B 公司协议收购的信息披露符合法律规定。

根据证券法律制度的规定，通过协议转让方式，投资者及其一致行动人在一个上市公司中拥有表决权的股份拟达到或者超过 5% 时，应当在该事实发生之日起 3 日内编制权益变动报告书，向国务院证券监督管理机构、证券交易所提交书面报告，通知该上市公司，并予公告。

（5）①发起人股东张某有权转让其股份。

根据规定，发起人持有的本公司股份，自公司成立之日起 1 年内不得转让。本题中，A 公司成立时间为 2019 年 1 月，张某转让股份的时间为 2022 年 3 月，符合《公司法》对发起人转让公司股份的限制规定。

②发起人股东张某转让股份无须征得其他发起人股东过半数的同意。股份有限公司是开放式的公司，股东转让股份相对自由（有限责任公司股东向外转让股权有需要征得其他股东过半数的同意的规定）。

③发起人股东张某转让股份应当采用背书的方式转让。

根据规定，公司向发起人、法人发行的股票，应当为记名股票。记名股票由股东以背书方式或者法律、行政法规规定的其他方式转让，转让后由公司将受让人的姓名或者名称及住所记载于股东名册。

刷提高

67.【答案】B 【解析】选项 A、B、D，所有非货币出资都需要进行评估，但评估不一定由法定评估机构进行，也可以由股东协商进行评估作价。选项 C，有限责任公司的注册资本为在公司登记机关登记的全体股东认缴的出资额，所以股东出资可以约定分期缴付。

68. 【答案】B 【解析】选项 A，设立股份有限公司的发起人既可以是中国公民，也可以是外国公民。选项 B，设立股份有限公司应当有 1 人以上 200 人以下为发起人。选项 C、D，股份有限公司的注册资本为在公司登记机关登记的已发行股份的股本总额。

69. 【答案】D 【解析】股利分配请求权是股东的自益权。

70. 【答案】B 【解析】吸收合并是指一个公司（甲公司）吸收其他公司（乙公司）加入本公司，被吸收的公司（乙公司）解散。公司除因合并和分立而解散外，其余原因引起的解散，都应该经过清算。公司解散的，应当依法办理公司注销登记（选项 B）。

71. 【答案】A 【解析】选项 B，法律规定，董事、高管在任职期间，每年转让的股份不得超过其所持本公司股份总数的 25%。选项 C、D，董事、高管持有的本公司股份，自上市交易之日起 1 年内不得转让。

72. 【答案】B 【解析】根据规定，公司经营管理发生严重困难，继续存续会使股东利益受到重大损失，通过其他途径不能解决的，持有公司 10% 以上表决权的股东，可以请求法院解散公司。单独或者合计持有公司 10% 以上表决权的股东，可以提起解散公司诉讼。

73. 【答案】ABC 【解析】选项 D，公司为公司股东或者实际控制人提供担保的，应当经股东会决议。公司向其他企业投资或者为他人提供担保，依照公司章程的规定，由董事会或者股东会决议。

74. 【答案】ABC 【解析】根据规定，发起人为设立公司以自己名义对外签订合同，合同相对人请求该发起人承担合同责任的，人民法院应予支持；公司成立后合同相对人请求公司承担合同责任的，人民法院应予支持（选项 A、B、C）。

75. 【答案】ABC 【解析】选项 D，应当是董事、监事、高级管理人员"未向董事会或者股东会报告，并按照公司章程的规定经董事会或者股东会决议通过"，不得自营或者为他人经营与其任职公司同类的业务。

76. 【答案】× 【解析】股份有限公司的注册资本为在公司登记机关登记的已发行股份的股本总额。

77. 【答案】× 【解析】股份有限公司的股东会应当对所议事项的决定作成会议记录，主持人、出席会议的董事应当在会议记录上签名。

78. 【答案及解析】
(1) A 公司甲、乙、丙股东出资符合法律规定；丁股东现金出资符合法律规定，劳务出资不符合法律规定。
根据规定，股东可以用货币，以及实物、知识产权、土地使用权等可以用货币估价并可以依法转让的非货币财产作价出资。土地所有权不能出资，非法的财产（如毒品）不能出资。劳务、信用、自然人姓名、商誉、特许经营权不能用货币估价，因此不能出资。设定担保的财产不是清洁无负担的财产，因此也不能出资。

（2）丙股东具有股东资格。

根据规定，出资人以房屋、土地使用权或者需要办理权属登记的知识产权等财产出资，已经交付公司使用但未办理权属变更手续，公司、其他股东或者公司债权人主张认定出资人未履行出资义务的，人民法院应当责令当事人在指定的合理期间内办理权属变更手续；在前述期间内办理了权属变更手续的，人民法院应当认定其已经履行了出资义务；出资人主张自其实际交付财产给公司使用时享有相应股东权利的，人民法院应予支持。

（3）A公司公司章程不设立董事会和监事会的约定符合法律规定。

根据规定，有限责任公司股东人数较少或者规模较小的，可以设1名执行董事，不设董事会。股东人数较少或者规模较小的有限责任公司，可以设1名监事，不设监事会。

79.【答案及解析】

（1）出席该次董事会会议的董事人数符合规定。董事刘某电话委托董事张某代为出席会议并表决不符合规定。董事肖某委托董事会秘书蔡某代为出席会议并表决不符合规定。根据《公司法》的规定，董事会会议应当有过半数的董事出席方可举行。董事会会议，应当董事本人出席；董事因故不能出席，可以书面委托其他董事代为出席。

（2）首先，出席本次董事会会议的董事讨论并一致通过的聘任财务负责人并决定其报酬的决议符合规定。根据《公司法》的规定，根据经理的提名决定聘任或者解聘公司财务负责人及其报酬事项属于董事会职权范围。其次，批准公司内部机构设置方案不符合规定。根据《公司法》的规定，董事会作出决议，应当经全体董事的过半数通过。公司董事由7人组成，董事田某反对，李某未出席，刘某、肖某委托不合法，实际只有3名董事同意，未达到全体董事的过半数。

（3）该次会议记录无须列席会议的监事签名。根据《公司法》的规定，董事会应当对所议事项的决定作成会议记录，出席会议的董事应当在会议记录上签名。

刷易错

80.【答案】B 【解析】根据规定，股东抽逃出资的表现：（1）通过虚构债权债务关系将其出资转出；（2）制作虚假财务会计报表虚增利润进行分配；（3）利用关联交易将出资转出（选项B）；（4）其他未经法定程序将出资抽回的行为。选项A，严格讲股东缴纳出资按公司章程规定的缴纳期限履行出资义务，未必是公司成立时缴足。选项D，是股东出资不足，不属于抽逃出资。

81.【答案】A 【解析】公司股东会、董事会的决议内容违反法律、行政法规的无效。

除此之外的决议瑕疵，包括会议召集程序（选项 D）、表决方式违反法律、行政法规或者公司章程（选项 B），或者决议内容违反公司章程的（选项 C），为可撤销事由。

82. 【答案】D 【解析】选项 A，有限责任公司的实际出资人与名义出资人订立合同，约定由实际出资人出资并享有投资权益，以名义出资人为名义股东，实际出资人与名义股东对该合同效力发生争议的，如无《民法典》规定的合同无效或可撤销情形的，人民法院应当认定该合同有效。选项 B，实际出资人想从非公司股东身份转变为公司股东身份，应当按照《公司法》第七十一条第二款的规定，股东向股东以外的人转让股权的，须经其他股东过半数同意。选项 C，公司债权人以登记于公司登记机关的股东（名义股东）未履行出资义务为由，请求其对公司债务不能清偿的部分在未出资本息范围内承担补充赔偿责任，股东以其仅为名义股东而非实际出资人为由进行抗辩的，人民法院不予支持（对外承担真实股东的责任）。选项 D，名义股东将登记于其名下的股权转让、质押或者以其他方式处分，实际出资人以其对于股权享有实际权利为由，请求认定处分股权行为无效的，人民法院可以参照《民法典物权编》善意取得的规定处理。

83. 【答案】D 【解析】《公司法》规定，股东向股东以外的人转让股权，应当将股权转让的数量、价格、支付方式和期限等事项书面通知其他股东，其他股东在同等条件下有优先购买权。股东自接到书面通知之日起 30 日内未答复的，视为放弃优先购买权。

84. 【答案】D 【解析】股东可以用货币，以及实物、知识产权、土地使用权等可以用货币估价并可以依法转让的非货币财产作价出资；但是，法律、行政法规规定不得作为出资的财产除外。土地所有权不能出资，非法的财产（如毒品）不能出资。劳务（选项 B）、信用、自然人姓名、商誉、特许经营权（选项 C）不能用货币估价，因此不能出资。设定担保的财产不是清洁无负担的财产（选项 A），因此也不能出资。

85. 【答案】B 【解析】选项 A，股份有限公司不得收购本公司股份。但是，股份有限公司将股份用于员工持股计划或者股权激励的除外，将股份用于员工持股计划或者股权激励的，应当在 3 年内转让或者注销。选项 C、D，股份有限公司董事、监事、高级管理人员应当向公司申报所持有的本公司的股份及其变动情况，在任职期间每年转让的股份不得超过其所持有本公司股份总数的 25%；所持本公司股份自公司股票上市交易之日起 1 年内不得转让。

86. 【答案】ACD 【解析】根据规定，股东可以要求查阅公司会计账簿。股东要求查阅公司会计账簿的，应当向公司提出书面请求，说明目的（选项 A）。公司有合理根据认为股东查阅会计账簿有不正当目的，可能损害公司合法利益的，可以拒绝提供查阅，并应当自股东提出书面请求之日起 15 日内书面答复股东并说明理由（选项 B、C）。公司拒绝提供查阅的，股东可以请求人民法院要求公司提供查阅。股东行使知情权后泄露公司商业秘密导致公司合法利益受到损害，公司请求该股东赔偿相关损失的，人民法院应当予以支持（选项D）。

87. 【答案】ACD 【解析】选项A，《公司法》规定，担任因违法被吊销营业执照、责令关闭的公司的法定代表人（不是董事），并负有个人责任的，自该公司被吊销营业执照之日起3年内不能担任其他公司董事（涉及董事的是：担任破产清算的公司、企业的董事或者厂长、经理，对该公司、企业的破产负有个人责任的，自该公司、企业破产清算完结之日起未逾3年）。选项C，董事、监事、高级管理人员未向董事会或者股东会报告，并按照公司章程的规定经董事会或者股东会决议通过，不得自营或者为他人经营与其任职公司同类的业务。选项D，国有独资公司的董事、高级管理人员，未经履行出资人职责的机构同意，不得在其他有限责任公司、股份有限公司或者其他经济组织兼职。

88. 【答案】ABD 【解析】上市公司为维护公司价值及股东权益所必需可以收购本公司股份。收购本公司股份的，可以依照公司章程的规定或者股东会的授权，经2/3以上董事出席的董事会会议决议（选项B）。公司收购本公司股份，应当通过公开的集中交易方式（选项D）。公司收购本公司股份后，公司合计持有的本公司股份数不得超过本公司已发行股份总额的10%（选项C），并应当在3年内转让或者注销（选项A）。

89. 【答案】× 【解析】股东滥用股东权利的常见行为表现包括：人格混同、过度支配与控制、资本显著不足等。公司控制股东对公司过度支配与控制，操纵公司的决策过程，使公司完全丧失独立性，沦为控制股东的工具或躯壳，严重损害公司债权人利益，应当否认公司人格，由滥用控制权的股东对公司债务承担连带责任。先解散公司，再以原公司场所、设备、人员及相同或者相似的经营目的另设公司，逃避原公司债务的属于公司控股股东对公司过度支配与控制的常见情形。

90. 【答案及解析】
（1）①股东会年会的召开时间不符合规定。
根据规定，上市公司的年度股东会应当于上一会计年度结束后的6个月内举行。题目中，董事会会议决定于2022年7月8日举行2021年度股东会年会，超过了上一会计年度结束后的6个月内的规定。
②修改公司章程由股东会以普通决议通过不符合规定。
根据规定，修改公司章程事项应当以特别决议通过。
（2）①出席本次董事会会议的董事讨论并一致通过的聘任销售负责人并决定其报酬的决议符合规定。该事项属于董事会的职权范围。
②批准公司内部机构设置的方案不符合规定。
根据规定，董事会决议必须经全体董事的过半数通过。题目中，甲上市公司董事会成员13人，到会8人，表决时2名董事反对，实际只有6名董事同意，未超过全体董事过半数（7人）的规定标准。
（3）董事会会议形成的会议记录无须列席会议的监事签名。
根据规定，董事会的会议记录由出席会议的董事签名。

刷通关

91.【答案】A　【解析】土地所有权不能出资，非法的财产（如毒品）不能出资。劳务、信用、自然人姓名、商誉、特许经营权不能用货币估价，不能出资。

92.【答案】D　【解析】选项 A、C，名义股东将登记于其名下的股权转让，实际出资人以其对于股权享有实际权利为由，请求认定处分股权行为无效的，人民法院可以参照《民法典》善意取得的规定处理。选项 B、D，有限责任公司的股东之间可以相互转让其全部或者部分股权，无须征得其他股东的同意。

93.【答案】B　【解析】国有独资公司不设股东会，由履行出资人职责的机构行使股东会职权。

94.【答案】B　【解析】募集设立股份有限公司，发行股份的股款缴足后，必须经依法设立的验资机构验资并出具证明。发起人应当在股款缴足之日起 30 日内主持召开公司成立大会。

95.【答案】A　【解析】股东会应当每年召开 1 次年会。上市公司的年度股东会应当于上一会计年度结束后的 6 个月内举行。

96.【答案】D　【解析】当董事、监事、高级管理人员或者他人违反法律、行政法规或者公司章程的行为给公司造成损失，具备法定资格的股东有权代表其他股东，代替公司提起诉讼，请求违法行为人赔偿公司损失的是股东代表诉讼。董事、高级管理人员违反规定损害股东利益的行为提起的诉讼是股东直接诉讼。

97.【答案】A　【解析】公司应当自作出合并决议之日起 10 日内通知债权人，并于 30 日内在报纸上公告。债权人自接到通知书之日起 30 日内，未接到通知书的自公告之日起 45 日内，可以要求公司清偿债务或者提供相应的担保。

98.【答案】BD　【解析】分公司没有独立的公司名称、章程，没有独立的财产，不具有法人资格，但应领取营业执照，进行经营活动，其民事责任由总公司承担。

99.【答案】ABC　【解析】公司设立分支机构，应当向分支机构所在地的登记机关申请登记。选项 D 错误。

100.【答案】BCD　【解析】选项 A，公司未弥补的亏损达实收股本总额 1/3 时。

101.【答案】BC　【解析】根据规定，董事长不能履行职务时，由副董事长履行职务（选项 A）。选项 B、C，决定聘任或者解聘公司经理及其报酬事项，并根据经理的提名决定聘任或者解聘公司副经理、财务负责人及其报酬事项决定董事报酬事项，属于董事会职权。选项 D，董事会应当对所议事项的决定作成会议记录，出席会议的董事应当在会议记录上签名。

102.【答案】×　【解析】公司为了实现增加资本的目的，可以将公积金的一部分转为资本。对用任意公积金转增资本的，法律没有限制，但用法定公积金转增资本时，《公司法》规定，法定公积金转为资本时，所留存的该项公积金不得少于转增前公司注册资本的 25%。

103. 【答案】√ 【解析】公司需要减少注册资本时，必须编制资产负债表及财产清单。

104. 【答案及解析】

(1) 执行董事王某的行为是公司董事、高级管理人员违反忠实义务的行为。公司董事、高级管理人员违反忠实义务所得的收入应当归公司所有。

(2) 甲公司股东赵某申请查阅公司账目符合法律规定。

股东要求查阅公司会计账簿是股东的知情权。股东要求查阅公司会计账簿的，应当向公司提出书面请求，说明目的。

(3) 甲公司股东赵某有权提出解散公司的诉讼。

根据规定，公司持续2年以上无法召开股东会，公司经营管理发生严重困难的，持有公司全部股东表决权10%以上的股东，可以请求人民法院解散公司（甲公司四名股东平均持有股权，各占25%）。

第三章 合伙企业法律制度

刷基础

105.【答案】D 【解析】选项A，普通合伙人对企业债务承担无限连带责任。选项B，合伙企业的投资人包括自然人、法人和其他组织。选项C，合伙企业是非法人组织。

106.【答案】D 【解析】选项A，除合伙协议另有约定或者经全体合伙人一致同意外，普通合伙人不得同本合伙企业进行交易。选项B，经全体合伙人一致同意，可以退伙。选项C，除合伙协议另有约定或者经全体合伙人一致同意外，不得改变合伙企业的经营范围、主要经营场所的地点。

107.【答案】A 【解析】根据规定，合伙企业的利润分配、亏损分担，按照合伙协议的约定办理；合伙协议未约定或者约定不明确的，由合伙人协商决定；协商不成的，由合伙人按照实缴出资比例分配、分担；无法确定出资比例的，由合伙人平均分配、分担。本题甲、乙、丙实际出资分别为30万元、30万元、60万元。所以甲、乙、丙应按1∶1∶2的比例分配。

108.【答案】C 【解析】选项A、B，合伙人发生与合伙企业无关的债务，自有财产不足清偿其与合伙企业无关的债务的，该合伙人可以其从合伙企业中分取的收益用于清偿；债权人也可以依法请求人民法院强制执行该合伙人在合伙企业中的财产份额用于清偿。选项C、D，合伙人发生与合伙企业无关的债务，相关债权人不得以其债权抵销其对合伙企业的债务，也不得代位行使合伙人在合伙企业中的权利。

109.【答案】C 【解析】被除名人接到除名通知之日，除名生效，被除名人退伙。被除名人对除名决议有异议的，可以自接到除名通知之日起30日内，向人民法院起诉。

110.【答案】BC 【解析】选项A，有限合伙人可以按照合伙协议的约定向合伙人以外的人转让其在有限合伙企业中的财产份额，但应当提前30日通知其他合伙人。选项B，有限合伙人可以自营或者同他人合作经营与本有限合伙企业相竞争的业务，但合伙协议另有约定的除外。选项C，有限合伙人可以将其在有限合伙企业中的财产份额出质，但合伙协议另有约定的除外。选项D，有限合伙人不执行合伙事务，不得对外代表有限合伙企业。

111.【答案】ACD 【解析】选项A，普通合伙人可以劳务出资，但有限合伙人不得以劳务出资。选项C，有限合伙企业名称中应当标明"有限合伙"字样。选项D，有限合伙企业由普通合伙人执行合伙事务，有限合伙人不得执行合伙事务。

112.【答案】ABCD 【解析】选项A、C、D，一个合伙人或者数个合伙人在执业活动中因故意或者重大过失造成合伙企业债务的，应当承担无限责任或者无限连带责任，其他合伙人以其在合伙企业中的财产份额为限承担责任。合伙人在执业活动中非因故意或者重大过失造成的合伙企业债务以及合伙企业的其他债务，由全体合伙人承担无限连带责任。选项B，合伙人执业活动中因故意或者重大过失造成的合伙企业债务，以合伙企业财产对外承担责任后，该合伙人应当按照合伙协议的约定，对给合伙企业造成的损失承担赔偿责任。

113.【答案】× 【解析】除合伙协议另有约定外，普通合伙人转变为有限合伙人，或者有限合伙人转变为普通合伙人，应当经全体合伙人一致同意。有限合伙人转变为普通合伙人的，对其作为有限合伙人期间有限合伙企业发生的债务承担无限连带责任。普通合伙人转变为有限合伙人的，对其作为普通合伙人期间合伙企业发生的债务承担无限连带责任。

114.【答案】√ 【解析】执行合伙事务所产生的收益归合伙企业，所产生的费用和亏损由合伙企业承担。

115.【答案及解析】

（1）有限合伙人丙为A餐厅向银行借款提供担保不属于参与企业事务执行。

根据规定，有限合伙人依法为本企业提供担保的，不视为执行合伙事务。

（2）丁自行转让企业财产份额不符合法律规定。乙主张同等条件下优先购买权有法律依据。

根据规定，有限合伙人可以按照合伙协议的约定向合伙人以外的人转让其在有限合伙企业中的财产份额，但应当提前30日通知其他合伙人；有限合伙人向外转让其在有限合伙企业的财产份额时，企业的其他合伙人有优先购买权。

（3）A餐厅对政府有关部门责令停业整顿和罚款的处罚可以申请行政复议。

根据规定，公民、法人或者其他组织对行政机关作出的警告、罚款、没收违法所得等行政处罚不服的，可以申请行政复议。

刷提高

116.【答案】B 【解析】选项A，合伙人可以是自然人，也可以是法人或者其他组织（如个人独资企业、合伙企业）。选项C，合伙人为自然人的，应当具有完全民事行为能力。无民事行为能力人和限制民事行为能力人不得成为普通合伙人。选项B、D，国有独资公司、国有企业、上市公司以及公益性的事业单位、社会团体不得成为普通合伙人。

117.【答案】C 【解析】合伙人对合伙企业有关事项作出决议，按照合伙协议约定的表决办法办理。合伙协议未约定或者约定不明确的，实行合伙人一人一票并经全体合伙人过半数通过的表决办法；但《合伙企业法》对表决办法另有规定的，从其规定。《合伙企业法》对对外投资事项表决没有特别规定，本题合伙协议对该事项的表决办法未作约定，故适用一人一票并经全体合伙人过半数通过的表决办法。

118. 【答案】 B 【解析】选项 A，合伙人分别执行合伙事务的，执行事务合伙人可以对其他合伙人执行的事务提出异议。提出异议时，应当暂停该项事务的执行。选项 C，合伙人对执行合伙事务享有同等的权利；各合伙人无论其出资多少，都有权平等享有执行合伙企业事务的权利。选项 D，受委托执行合伙事务的合伙人不按照合伙协议或者全体合伙人的决定执行事务的，其他合伙人可以决定撤销该委托。

119. 【答案】 C 【解析】有限合伙人不执行合伙事务，不得对外代表有限合伙企业。有限合伙人的下列行为，不视为执行合伙事务：（1）参与决定普通合伙人入伙、退伙；（2）对企业的经营管理提出建议；（3）参与选择承办有限合伙企业审计业务的会计师事务所；（4）获取经审计的有限合伙企业财务会计报告；（5）对涉及自身利益的情况，查阅有限合伙企业财务会计账簿等财务资料；（6）在有限合伙企业中的利益受到侵害时，向有责任的合伙人主张权利或者提起诉讼；（7）执行事务合伙人怠于行使权利时，督促其行使权利或者为了本企业的利益以自己的名义提起诉讼；（8）依法为本企业提供担保。

120. 【答案】 B 【解析】合伙企业解散清算时，合伙企业财产按照顺序清偿为：支付清算费用；职工工资、社会保险费用、法定补偿金；缴纳所欠税款；清偿债务。

121. 【答案】 AD 【解析】合伙人死亡或者被依法宣告死亡的，对该合伙人在合伙企业中的财产份额享有合法继承权的继承人，按照合伙协议的约定或者经全体合伙人一致同意（选项 D），从继承开始之日起，取得该合伙企业的合伙人资格。有下列情形之一的，合伙企业应当向合伙人的继承人退还被继承合伙人的财产份额：（1）继承人不愿意成为合伙人（选项 A）；（2）法律规定或者合伙协议约定合伙人必须具有相关资格，而该继承人未取得该资格；（3）合伙协议约定不能成为合伙人的其他情形。

122. 【答案】 AD 【解析】选项 A，有限合伙人不得以劳务出资（法定）。选项 B，有限合伙企业不得将全部利润分配给部分合伙人，但是合伙协议另有约定的除外（约定优先）。选项 C，有限合伙人可以自营或者同他人合作经营与本有限合伙企业相竞争的业务，但合伙协议另有约定的除外（约定优先）。选项 D，有限合伙企业由 2 个以上 50 个以下合伙人设立（法定）。

123. 【答案】 BC 【解析】根据规定，有限合伙人出现下列情形时当然退伙：（1）作为合伙人的自然人死亡或者被依法宣告死亡（选项 C）。（2）个人丧失偿债能力（选项 B）。（3）作为合伙人的法人或者其他组织依法被吊销营业执照、责令关闭、撤销，或者被宣告破产。（4）法律规定或者合伙协议约定合伙人必须具有相关资格而丧失该资格。（5）合伙人在合伙企业中的全部财产份额被人民法院强制执行。

124. 【答案】 × 【解析】合伙人死亡或者被依法宣告死亡的，对该合伙人在合伙企业中的财产份额享有合法继承权的继承人，按照合伙协议的约定或者经全体合伙人一致同意，从继承开始之日起，取得该合伙企业的合伙人资格。

125.【答案】×【解析】国有独资公司、国有企业、上市公司以及公益性的事业单位、社会团体不得成为有限合伙企业的普通合伙人。

126.【答案及解析】

（1）甲超越企业合伙协议的限制，以企业名义订立的100万元的买卖合同有效。

根据规定，合伙企业对合伙人执行合伙事务以及对外代表合伙企业权利的限制，不得对抗善意第三人。

（2）对乙因车祸成为植物人，A合伙企业按当然退伙办理结算符合法律规定。

根据规定，普通合伙人为自然人的，应当具有完全民事行为能力。法律规定的合伙人必须具有相关资格而丧失该资格的，是普通合伙人当然退伙的情形。

（3）丁将其在企业中的财产份额转让给戊的行为符合法律规定。

根据规定，合伙人之间转让在合伙企业中的全部或者部分财产份额时，应当通知其他合伙人。不需要经过其他合伙人一致同意。

刷易错

127.【答案】D【解析】合伙企业登记事项发生变更的，执行合伙事务的合伙人应当自作出变更决定或者发生变更事由之日起15日内，向企业登记机关申请办理变更登记。

128.【答案】A【解析】合伙人对合伙企业有关事项作出决议，按照合伙协议约定的表决办法办理；合伙协议未约定或者约定不明确的，实行合伙人一人一票并经全体合伙人过半数通过的表决办法；但《合伙企业法》对表决办法另有规定的，从其规定。《合伙企业法》规定，改变合伙企业的名称，除合伙协议另有约定外，应当经全体合伙人一致同意。

129.【答案】C【解析】合伙人以外的人依法受让合伙人在合伙企业中的财产份额的，经修改合伙协议即成为合伙企业的合伙人，依照《合伙企业法》和修改后的合伙协议享有权利，履行义务。合伙人以外的人成为合伙人须修改合伙协议，未修改合伙协议的，不应视为"合伙企业的合伙人"。

130.【答案】C【解析】选项A，特殊的普通合伙企业应当建立执业风险基金、办理职业保险。选项B，特殊的普通合伙企业名称中应当标明"特殊普通合伙"字样。选项C、D，一个合伙人或者数个合伙人在执业活动中因故意或者重大过失造成合伙企业债务的，应当承担无限责任或者无限连带责任，其他合伙人以其在合伙企业中的财产份额为限承担责任。

131.【答案】AD【解析】合伙人以其在合伙企业中的财产份额出质的，须经其他合伙人一致同意（不仅仅是通知）；未经其他合伙人一致同意，其行为无效（选项A、B）；由此给善意第三人造成损失的，由行为人依法承担赔偿责任（选项 D）。

132. 【答案】ABCD 【解析】合伙企业财产的构成：（1）合伙人的出资形成合伙企业的原始财产，合伙企业的原始财产是全体合伙人认缴的财产，而非各合伙人实际缴纳的财产；（2）以合伙企业名义取得的收益；（3）依法取得的其他财产。

133. 【答案】ABC 【解析】选项 D，合伙协议不得约定将全部利润分配给部分合伙人或者由部分合伙人承担全部亏损。

134. 【答案】× 【解析】合伙企业依法被宣告破产的，普通合伙人对合伙企业债务仍应承担无限连带责任。

135. 【答案】× 【解析】协议退伙：合伙协议约定合伙期限的，在合伙企业存续期间，有下列情形之一的，合伙人可以退伙：（1）合伙协议约定的退伙事由出现；（2）经全体合伙人一致同意；（3）发生合伙人难以继续参加合伙的事由；（4）其他合伙人严重违反合伙协议约定的义务。通知退伙：合伙协议未约定合伙期限的，合伙人在不给合伙企业事务执行造成不利影响的情况下，可以退伙，但应当提前 30 日通知其他合伙人。

136. 【答案及解析】

（1）李某拒绝黄某的理由不成立。

根据规定，有限合伙人参与选择承办本企业审计业务的会计师事务所，不视为执行合伙事务。

（2）张某要求钱某退伙的理由不成立。

根据规定，有限合伙人可以自营或者同他人合作经营与本有限合伙企业相竞争的业务；但是，合伙协议另有约定的除外。

（3）黄某的说法不符合法律规定。

根据规定，有限合伙企业由 2 个以上 50 个以下合伙人设立；但是，法律另有规定的除外。有限合伙企业至少应当有 1 个普通合伙人。

刷通关

137. 【答案】D 【解析】普通合伙人以其在合伙企业中的财产份额出质的，须经其他合伙人一致同意；未经其他合伙人一致同意，其行为无效。

138. 【答案】D 【解析】一个合伙人或者数个合伙人在执业活动中因故意或者重大过失造成合伙企业债务的，应当承担无限责任或者无限连带责任，其他合伙人以其在合伙企业中的财产份额为限承担责任。

139. 【答案】A 【解析】有限合伙人不得以劳务出资。

140. 【答案】A 【解析】选项 B，有限合伙企业至少应当有 1 个普通合伙人，钱某虽然因此退伙，但甲企业还有普通合伙人赵某存在，不影响甲有限合伙企业的形式。选项 C，若赵某丧失民事行为能力，其他合伙人无权要求其退伙。选项 D，有限合伙人退伙后，对基于其退伙前的原因发生的有限合伙企业债务以其退伙时从有限合伙企业中取回的财产承担责任。

141.【答案】D　【解析】选项 A、B、D，新合伙人入伙，除合伙协议另有约定外，应当经全体合伙人一致同意。选项 C，有限合伙人参与决定普通合伙人入伙、退伙的，不视为执行合伙事务。

142.【答案】ABCD　【解析】除合伙协议另有约定外，合伙企业的下列事项应当经全体合伙人一致同意：（1）改变合伙企业的名称；（2）改变合伙企业的经营范围、主要经营场所的地点；（3）处分合伙企业的不动产；（4）转让或者处分合伙企业的知识产权和其他财产权利；（5）以合伙企业名义为他人提供担保；（6）聘任合伙人以外的人担任合伙企业的经营管理人员。

143.【答案】ACD　【解析】合伙企业有下列情形之一的，应当解散：（1）合伙期限届满，合伙人决定不再经营；（2）合伙协议约定的解散事由出现；（3）全体合伙人决定解散；（4）合伙人已不具备法定人数满30天；（5）合伙协议约定的合伙目的已经实现或者无法实现；（6）依法被吊销营业执照、责令关闭或者被撤销；（7）法律、行政法规规定的其他原因。

144.【答案】√　【解析】根据规定，有限合伙人可以自营或者同他人合作经营与本有限合伙企业相竞争的业务；但是，合伙协议另有约定的除外。

第四章　物权法律制度

刷基础

145.【答案】D　【解析】选项 A、B、C，因不能为人力所支配而不属于物权法上的物。

146.【答案】A　【解析】选项 B，租金属于法定孳息；选项 A、C，房屋和林木均属于不动产。选项 D，布匹属于可分物。

147.【答案】C　【解析】选项 C，担保物权包括抵押权、质权、留质权等。选项 A 是所有权。选项 B、D 是用益物权。

148.【答案】B　【解析】预告登记后，未经预告登记的权利人同意，处分该不动产的，不发生物权效力。

149.【答案】A　【解析】拾得遗失物，应当返还权利人。拾得人应当及时通知权利人领取，或者送交有关部门。由于遗失物的占有人不是合法占有，所以即使占有人转让遗失物，受让人不知情，原所有权人仍有权可追回，只不过是有期限（自知道或应当知道受让人之日起 2 年内）的限制，受让人不得主张善意取得。

150.【答案】D　【解析】土地承包经营权自土地承包经营权合同生效时设立。

151.【答案】C　【解析】留置物为债权人已经合法占有的债务人的动产，选项 C 符合要求。

152.【答案】ABC　【解析】选项 D，属于基于法律行为而发生的物权变动。

153.【答案】ABD　【解析】选项 C，遗失物自发布招领公告之日起 1 年内无人认领的，归国家所有。

154.【答案】ABC　【解析】债务人或者第三人有权处分的下列财产可以抵押：（1）建筑物和其他土地附着物；（2）建设用地使用权；（3）海域使用权；（4）生产设备、原材料、半成品、产品；（5）正在建造的建筑物、船舶、航空器；（6）交通运输工具；（7）法律、行政法规未禁止抵押的其他财产。选项 D，土地所有权不得设立抵押权。

155.【答案】AB　【解析】选项 C，债权人以诉讼方式行使担保物权的，应当以债务人和担保人作为共同被告。选项 D，动产抵押权已登记的先于未登记的受偿，这一规定不适用不动产。

156.【答案】√　【解析】动产物权设立和转让前，权利人已经依法占有该动产的，物权自法律行为生效时发生效力。

157.【答案】×　【解析】同一财产可以向两个以上的债权人设立抵押权。

158.【答案及解析】

（1）乙银行抵押权设立的日期为 2021 年 3 月 21 日。

根据规定，以建筑物和其他土地附着物、建设用地使用权、海域使用权、正在建造的建筑物设定抵押的，应当办理抵押登记，抵押权自登记时起设立。

（2）甲企业在该土地上建造的办公楼不属于抵押财产。

根据规定，建设用地使用权抵押后，该土地上新增的建筑物不属于抵押财产。

（3）乙银行主张就拍卖所得优先实现抵押权不符合法律规定。

①甲企业的土地使用权是通过划拨方式取得的，在抵押权依法实现时，拍卖、变卖所得的价款，应当优先用于补缴建设用地使用权出让金。②甲企业在建设用地使用权抵押后，该土地上新增的建筑物不属于抵押财产，所以该建设用地使用权实现抵押权时，应当将该土地上新增的建筑物与建设用地使用权一并处分，但新增建筑物所得的价款，抵押权人乙银行无权优先受偿。

159.【答案及解析】

（1）A 市人民政府应当给予甲企业经济补偿并退还相应的土地出让金。

根据规定，在建设用地使用权期限届满前，因公共利益需要提前收回土地的，出让人应当依法对该土地上的房屋以及其他不动产给予补偿，并退还相应的出让金。

（2）①甲企业应当与转让方订立书面建设用地使用权转让合同，并办理过户登记。登记是建设用地使用权转让的生效条件。

②甲企业依建设用地使用权转让，成为新的土地使用权人，其依法行使剩余年限内的建设用地使用权。

（3）乙银行仅可向甲企业的建设用地使用权主张实现抵押权。

根据规定，建设用地使用权抵押后，该土地上新增的建筑物不属于抵押财产。该建设用地使用权实现抵押权时，应当将该土地上新增的建筑物与建设用地使用权一并处分，但新增建筑物所得的价款，抵押权人无权优先受偿。题目中，甲企业是以建设用地使用权设立抵押权的，之后的新建厂房和办公用房不属于抵押财产，债权人乙银行不得向土地上的新增建筑物主张抵押权。

（4）①丁公司的保证担保成立。

根据规定，保证人与债权人应当以书面形式订立保证合同。保证合同可以是单独订立的书面合同，也可以是主债权债务合同中的保证条款。本题中，丁公司在买卖合同上签订了保证条款，保证成立。

②丁公司应当按照一般保证承担担保责任。

根据规定，当事人对保证方式没有约定或者约定不明确的，按照一般保证承担保证责任。

（5）甲企业变更住所应当办理公司变更登记手续。

根据规定，公司变更登记事项，应当自作出变更决议、决定或者法定变更事项发生之日起 30 日内向登记机关申请变更登记。

刷提高

160. 【答案】D 【解析】一物之上物权相互之间的效力优劣原则上以成立的先后时间为标准，但是，限制物权优先于所有权，选项A、B、C不正确。抵押期间，抵押人可以转让抵押财产。当事人另有约定的，按照其约定。抵押财产转让的，抵押权不受影响，选项D正确。

161. 【答案】A 【解析】选项A，权利人、利害关系人认为不动产登记簿记载的事项错误的，可以申请更正登记。选项B，不动产登记簿记载的权利人不同意更正的，利害关系人可以申请异议登记。因此是先更正登记，得不到实现的才异议登记。选项C，登记机构予以异议登记的，申请人在异议登记之日起15日内不起诉，异议登记失效。选项D，异议登记不当，造成权利人损害的，权利人可以向申请人请求损害赔偿。

162. 【答案】D 【解析】选项D，戊仅取得轿车的使用权，没有发生所有权的转移。

163. 【答案】C 【解析】共有人对共有的不动产或者动产没有约定为按份共有或者共同共有，或者约定不明确的，除共有人具有家庭关系等外视为按份共有。社会生活中，常见的共同共有的形态主要有：夫妻共有财产（选项A）、家庭共有财产（选项B）、共同继承的财产（选项D）。共同继承的财产，是指继承开始后，遗产分割前，两个或两个以上的继承人对其享有继承权的遗产。

164. 【答案】D 【解析】居住权，是指按照合同约定，为了满足生活居住的需要，对他人所有的住宅得以占有、使用并排除房屋所有权人干涉的用益物权，居住权不得转让、继承。选项D，设立居住权的住宅不得出租，但是当事人另有约定的除外。

165. 【答案】B 【解析】质权包括动产质权和权利质权，房屋属于不动产，不能设立质权。

166. 【答案】D 【解析】根据物权法律制度的规定，同一动产上已经设立抵押权或者质权，该动产又被留置的，留置权人优先受偿。同一财产既设立抵押权又设立质权的，拍卖、变卖该财产所得的价款按照登记、交付的时间先后确定清偿顺序。

167. 【答案】ABD 【解析】同属一人所有的两个独立存在的物，结合起来才能发挥效用的，构成主物与从物关系，而且从物为主物作用的发挥起到辅助的作用，选项A、B、D均为主从物关系。选项C实为一物。

168. 【答案】AB 【解析】我国当前的用益物权主要包括土地承包经营权、建设用地使用权、宅基地使用权、居住权和地役权。

169. 【答案】AD 【解析】选项B，以动产设定抵押，抵押权自抵押合同生效时设立。选项C，抵押权依法设立后，抵押财产毁损、灭失或者被征收等，抵押权人可以请求按照原抵押权的顺位就保险金、赔偿金或者补偿金等优先受偿。

170. 【答案】ABCD 【解析】选项A，善意占有，是指占有人误信其有占有的法律依据且无怀疑的占有。选项B，他主占有，指不以所有的意思而为占有。选项C，恶意占有，是指占有人对物知其无占有的法律依据，或对于是否有权占有虽有怀疑而仍为占有。选项 D，有权占有，是指基于法律上的原因而为的占有。

171.【答案】√ 【解析】受让人善意取得不动产或者动产的所有权的，原所有权人有权向无处分权人请求损害赔偿。

172.【答案】× 【解析】两个或两个以上不同所有权人的动产相互混杂合并，不能识别或识别所需费用过大，因而发生所有权变动的法律事实是混合。

173.【答案】√ 【解析】主合同无效导致第三人提供的担保合同无效时，担保人无过错的，不承担赔偿责任；担保人有过错的，其承担的赔偿责任不应超过债务人不能清偿部分的 1/3。

174.【答案及解析】

（1）双方约定以进口轿车设定抵押权无须登记，不影响抵押权设立。

根据规定，以动产设定抵押，抵押权自抵押合同生效时设立。抵押权未经登记，不得对抗善意第三人。

（2）张某可以转让轿车。

根据规定，抵押期间，抵押人可以转让抵押财产。当事人另有约定的，按照其约定。抵押财产转让的，抵押权不受影响。

（3）李某微信催要借款，张某微信转账 10 万元的行为会导致诉讼时效中断。

根据规定，在诉讼时效进行中（本题适用 3 年时效期间），权利人向义务人提出请求履行义务的要求、义务人同意履行义务等事由出现，致使已经经过的时效期间统归无效，待时效中断的法定事由消除后，诉讼时效期间重新计算。

175.【答案及解析】

（1）乙 2020 年 12 月 25 日取得 A 商品房所有权。

根据规定，不动产物权的设立、变更、转让和消灭，经依法登记，发生效力；未经登记，不发生效力，但是法律另有规定的除外。本题中，乙 2020 年 10 月 15 日入住，同年 12 月 25 日办理了房屋登记手续。

（2）乙的子女 2023 年 5 月 6 日取得 A 商品房所有权。

根据规定，因继承取得物权的，自继承开始时发生效力。本题中，乙于 2023 年 5 月 6 日因病去世，其子女继承开始。

（3）丙为确保作为房屋产权人的合法权益，可以预告登记。

根据规定，当事人签订买卖房屋的协议或者签订其他不动产物权的协议，为保障将来实现物权，按照约定可以向登记机构申请预告登记。

（4）乙的子女转让 A 商品房应当通知甲。未通知甲不影响房屋买卖合同的效力，但甲有权请求乙的子女承担赔偿责任。

根据规定，①出租人出卖出租房屋的，应当在出卖之前的合理期限内通知承租人，承租人享有以同等条件优先购买的权利。②出租人出卖租赁房屋未在合理期限内通知承租人或者存在其他侵害承租人优先购买权的情形，承租人可以请求出租人承担赔偿责任。③但是，出租人与第三人订立的房屋买卖合同的效力不受影响。

(5）丙要求甲腾退房屋的行为不符合法律规定。

根据规定，租赁房屋在租赁期间发生所有权变动，承租人请求房屋受让人继续履行原租赁合同的，人民法院应予支持。

刷易错

176.【答案】D 【解析】根据权利人是对自有物享有物权还是对他人所有之物享有物权为标准，可将物权分为自物权与他物权。选项 A、B、C 是他物权（用益物权）。

177.【答案】D 【解析】土地承包经营权、地役权的设定，以登记为对抗要件而非生效要件，转让土地承包经营权、设定地役权、在生产设备上设定抵押权是否登记不影响生效，但未经登记的，不得对抗善意第三人。

178.【答案】A 【解析】根据规定：（1）共有人对共有的不动产或者动产没有约定为按份共有或者共同共有，或者约定不明确的，除共有人具有家庭关系等外，视为按份共有；（2）按份共有中，处分共有的不动产或者动产（全部），当经占份额 2/3 以上的按份共有人同意，但共有人之间另有约定的除外。本题中，朋友 6 人按份共有该汽车，同意转让的共有人至少应当达到的人数是 6 人的 2/3，为 4 人。

179.【答案】D 【解析】土地承包经营权自土地承包经营权合同生效时设立。

180.【答案】C 【解析】担保物权的特性包括从属性、不可分性、物上代位性以及补充性。选项 A 是担保物权的从属性。选项 B 是担保物权的不可分性。选项 C 是担保物权的优先受偿性，担保物权人在当债务人不履行债务或发生当事人约定的实现担保物权的情形，依法享有就担保物优先受偿的权利。选项 D 是担保物权的物上代位性。

181.【答案】D 【解析】间接占有，是指自己不直接占有其物，基于一定法律关系而对事实上占有其物之人有返还请求权，因而对其物有间接控制力，如出质人、出租人等基于一定法律关系对物的占有。

182.【答案】ABCD 【解析】《民法典》第三百一十一条主要就所有权的善意取得进行规范，根据该条第三款，当事人善意取得其他物权，参照适用有关所有权善意取得的规定。

183.【答案】ABC 【解析】选项 A 是附和；选项 B 是加工；选项 C 是混合；选项 D 不属于添附。

184.【答案】BD 【解析】选项 A，抵押合同必须以书面形式订立；选项 C，抵押权是一种担保物权。

185.【答案】AC 【解析】选项 B，以建筑物设定抵押的，应当办理抵押登记，抵押权自登记时设立。选项 D，建设用地使用权抵押后，该土地上新增的建筑物不属于抵押财产。

186.【答案】√ 【解析】债务人以自己的财产设定抵押，抵押权人放弃该抵押权的，其他担保人在抵押权人丧失优先受偿权益的范围内免除担保责任，但是其他担保人承诺仍然提供担保的除外。

187.【答案】× 【解析】抵押权设立前，抵押财产已经出租并转移占有的，原租赁关系不受该抵押权的影响。

188.【答案】√ 【解析】关于动产抵押、质押并存时的效力顺序：同一财产既设立抵押权又设立质权的，拍卖、变卖该财产所得的价款按照登记、交付的时间先后确定清偿顺序。

189.【答案及解析】

（1）丙公司抵押权设立的日期是 2024 年 6 月 23 日。

根据规定，以动产抵押的，抵押权自抵押合同生效时设立，未经登记，不得对抗善意第三人。本题中，6 月 23 日抵押合同生效，此时丙公司抵押权设立。

（2）不符合法律规定。

根据规定，留置权为法定优先权，债务人不履行到期债务，债权人因同一法律关系留置合法占有的第三人的动产，主张就该留置财产优先受偿，人民法院应予支持。第三人以该留置财产并非债务人的财产为由请求返还的，人民法院不予支持。

（3）不符合法律规定。

根据规定，动产抵押担保的主债权是抵押物的价款，标的物交付后 10 日内办理抵押登记的，该抵押权人优先于抵押物买受人的其他担保物权人受偿，但是留置权人除外。本题中，丙公司设立的抵押权满足超级优先权的条件，优先于乙银行受偿。

刷通关

190.【答案】B 【解析】原物产生的物为孳息，没有与原物分离的不属于孳息，选项 A、D 错误。天然孳息，是指果实、动物的出产物及其他按照物的使用方法所获得的出产物，如香蕉、鸡蛋等；法定孳息，是指原物依法律关系所获得的物，如利息、股利、租金等。因此，选项 C 错误，选项 B 正确。

191.【答案】B 【解析】根据规定，因共有的不动产或者动产产生的债权债务，在对外关系上，共有人享有连带债权、承担连带债务，但是法律另有规定或者第三人知道共有人不具有连带债权债务关系的除外。

192.【答案】C 【解析】依建设用地使用权用途的不同，《城镇国有土地所有权出让和转让暂行条例》规定了不同用地使用权期间：居住用地为 70 年；工业用地和教育、科技、文化、卫生、体育用地为 50 年；商业、旅游、娱乐用地为 40 年；综合或者其他用地为 50 年。

193.【答案】B 【解析】根据规定，抵押权人与抵押人可以协议变更抵押权顺位以及被担保的债权数额等内容。但是，抵押权的变更未经其他抵押权人书面同意的，不得对其他抵押权人产生不利影响。乙银行、丁银行之间的变更协议未经丙银行书面同意，对丙银行不产生不利影响，丙银行可以得到清偿的金额为 300 万元；该协议在乙银行、丁银行之间有效，丁银行优先于乙银行受偿，可获清偿金额为 100 万元。

194.【答案】A　【解析】设立浮动抵押权，抵押权人应当向抵押人住所地的市场监督管理部门办理登记。抵押权自抵押合同生效时设立；未经登记，不得对抗善意第三人。

195.【答案】B　【解析】质权人在债务履行期届满前，不得与出质人约定债务人不履行到期债务时质押财产归债权人所有。这类条款称为"流质条款"。当事人在质押合同中约定流质条款的，流质条款无效，但不影响质押合同其他部分内容的效力及质权的设立，质权人只能依法就质押财产优先受偿。

196.【答案】ABCD　【解析】选项 A，物权对于标的物的直接支配性以及物权的排他性，决定了物权相互间效力优劣的确定，原则上应以物权成立时间的先后为标准，即"时间在先，权利在先"原则。选项 B，先成立的动产抵押权若未登记，其效力劣后于成立在后但已登记的抵押权。选项 C，同一动产上已经设立抵押权或者质权，该动产又被留置的，留置权人优先受偿。选项 D，租赁物在承租人按照租赁合同占有期限内发生所有权变动的，不影响租赁合同的效力。

197.【答案】ACD　【解析】所有权人或者其他权利人有权追回遗失物。该遗失物通过转让被他人占有的，权利人有权向无处分权人请求损害赔偿，选项 A 正确；或者自知道或者应当知道受让人之日起 2 年内向受让人请求返还原物，选项 C 正确；但是，受让人通过拍卖或者向具有经营资格的经营者购得该遗失物的，权利人请求返还原物时应当支付受让人所付的费用，选项 D 正确。权利人向受让人支付所付费用后，有权向无处分权人追偿。

198.【答案】AD　【解析】选项 A，在共有人内部关系上，除共有人另有约定外，按份共有人按照份额享有债权、承担债务。偿还债务超过自己应当承担份额的按份共有人，有权向其他共有人追偿。选项 B、C、D，因共有的不动产或者动产产生的债权债务，在对外关系上，共有人享有连带债权、承担连带债务，但是法律另有规定或者第三人知道共有人不具有连带债权债务关系的除外。

199.【答案】AD　【解析】选项 B，享有留置权的前提是债权已届清偿期。选项 C，甲对车辆不属于合法占有。

200.【答案】×　【解析】设立地役权，当事人应当采用书面形式订立地役权合同。地役权自地役权合同生效时设立。当事人要求登记的，可以向登记机构申请地役权登记；未经登记，不得对抗善意第三人。

201.【答案】×　【解析】质押财产折价或者拍卖、变卖后，其价款超过债权数额的部分归出质人所有，不足部分由债务人清偿。

第五章　合同法律制度

刷基础

202.【答案】C 【解析】当事人采用合同书、确认书形式订立合同的，双方当事人签名、盖章或者按指印的地点为合同成立的地点。双方当事人签名、盖章或者按指印不在同一地点的，最后签名、盖章或者按指印的地点为合同成立地点。

203.【答案】B 【解析】格式条款有下列情形之一的无效：（1）提供格式条款的一方不合理地免除或者减轻其责任、加重对方责任、限制对方主要权利。（2）提供格式条款的一方排除对方主要权利。（3）使用格式条款与无民事行为能力人订立合同；行为人与相对人以虚假的意思表示订立合同；恶意串通，损害他人合法权益的合同；违反法律、行政法规的强制性规定或者违背公序良俗的合同等。（4）造成对方人身损害的免责格式条款；因故意或重大过失造成对方财产损失的免责格式条款。

204.【答案】D 【解析】在订立合同过程中有下列情形之一，给对方造成损失，应当承担损害赔偿责任：（1）假借订立合同，恶意进行磋商；（2）故意隐瞒与订立合同有关的重要事实或者提供虚假情况；（3）当事人泄露或不正当地使用在订立合同过程中知悉的商业秘密或其他应当保密的信息；（4）有其他违背诚实信用原则的行为。

205.【答案】C 【解析】凡不以他种合同的存在为前提即能独立存在的合同为主合同。

206.【答案】A 【解析】选项A，免除债务，债权的从权利，如从属于债权的担保权利、利息权利、违约金请求权等也随之消灭。

207.【答案】D 【解析】选项A，撤销权自债权人知道或者应当知道撤销事由之日起1年内行使。自债务人的行为发生之日起5年内没有行使撤销权的，该撤销权消灭。选项B，债权人行使撤销权应以自己的名义，向被告住所地人民法院提起诉讼。选项C没有法律依据。

208.【答案】C 【解析】根据规定，只有不可抗力致使合同目的不能实现时，当事人才可以解除合同（选项A）。商品房买卖合同的出卖人迟延交付房屋，经催告后在3个月的合理期限内仍未履行，买受人可以请求解除合同（选项B）。房屋承租人未经出租人同意转租的，出租人可以解除合同（选项C）。当事人约定出卖人保留合同标的物的所有权，在标的物所有权转移前，买受人将标的物出卖、出质或者作出其他不当处分，造成出卖人损害的，除当事人另有约定外，出卖人有权取回标的物（选项 D）。

209. 【答案】C 【解析】赠与人的经济状况显著恶化，严重影响其生产经营或者家庭生活的，可以不再履行赠与义务。

210. 【答案】A 【解析】借款合同对利息支付没有约定的，视为没有利息。自然人之间借款利息约定不明确的，视为没有利息。

211. 【答案】CD 【解析】选项 A，限制民事行为能力人超出自己的行为能力范围与他人订立的合同，为效力待定合同。选项 B，行为人没有代理权、超越代理权或者代理权终止后以被代理人名义订立的合同，为效力待定合同。

212. 【答案】AB 【解析】根据规定，选项 C 履行期限不明确的，债务人可以随时履行，债权人也可以随时要求履行，但无论债务人履行还是债权人要求履行，都必须给对方必要的准备时间。选项 D，履行费用的负担不明确的，由履行义务一方负担；卖方是否承担运货的义务视合同约定。

213. 【答案】BC 【解析】选项 A、B，债权人转让权利无须经债务人同意，但应当通知债务人。未经通知，该转让对债务人不发生效力。选项 C，合同权利全部转让的，原合同关系消灭，受让人取代原债权人的地位，成为新的债权人，原债权人脱离合同关系，所以，债务人应向新的债权人履行债务。选项 D，因债权转让增加的履行费用，由让与人负担。

214. 【答案】ABCD 【解析】有下列情形之一的，保证人不得行使先诉抗辩权：（1）债务人住所变更，致使债权人要求其履行债务发生重大困难的，如债务人下落不明、移居境外，且无财产可供执行；（2）人民法院受理债务人破产案件，中止执行程序的；（3）债权人有证据证明债务人的财产不足以履行全部债务或者丧失履行债务能力的；（4）保证人以书面形式放弃先诉抗辩权的。

215. 【答案】× 【解析】债务人将债务的全部或者部分转移给第三人的，应当经债权人同意。债务人或者第三人可以催告债权人在合理期限内予以同意，债权人未作表示的，视为不同意。

216. 【答案】√ 【解析】债权债务关系因清偿而消灭，债权的从权利一般随之消灭，但通知、协助、保密、旧物回收等后合同义务因是法定之债，并不随之消灭。

217. 【答案】√ 【解析】以上表述符合法律规定。

218. 【答案及解析】

（1）丙公司的第（1）个理由成立。

根据规定，当事人在保证合同中对保证方式没有约定或者约定不明确的，按照一般保证承担保证责任。一般保证人享有的先诉抗辩权，是指在主合同纠纷未经审判或者仲裁，并就债务人财产依法强制执行仍不能履行债务前，保证人对债权人可拒绝承担保证责任。

（2）丙公司的第（2）个理由成立。

根据规定，被担保的债权既有物的担保又有人的担保的，债务人不履行到期债务的，债权人应当按照约定实现债权；没有约定的，债务人自己提供物的担保的，债权人应当先就该物的担保实现债权；不足的部分才由一般保证人承担补充保证责任。

（3）如果丙公司的理由成立，乙银行可以同时起诉甲公司和丙公司。

根据规定，一般保证中，债权人一并起诉债务人和保证人的，法院可以受理，但是在作出判决时，除有保证人不得行使先诉抗辩权的情形外，应当在判决书主文中明确，保证人仅对债务人财产依法强制执行后仍不能履行的部分承担保证责任。

刷提高

219. 【答案】D 【解析】选项A、B、C是双务合同。

220. 【答案】A 【解析】要约是一方当事人以缔结合同为目的，向对方当事人提出合同条件，希望对方当事人接受的意思表示。

221. 【答案】A 【解析】连带共同保证的保证人承担保证的方式是连带责任保证，在债权人有权利要求保证人承担保证责任时，债权人可以要求任何一个保证人在保证范围内承担全部保证责任，保证人负有担保全部债权实现的义务。连带共同保证的保证人以其相互之间约定各自承担的份额对抗债权人的，人民法院不予支持。

222. 【答案】B 【解析】根据规定，当事人约定以交付定金作为主合同成立或者生效要件的，给付定金的一方未支付定金，但主合同已经履行或者已经履行主要部分的，不影响主合同的成立或者生效。

223. 【答案】D 【解析】根据规定，出卖人就同一普通动产订立多重买卖合同，在买卖合同均有效的情况下，买受人均要求实际履行合同的，应当按照以下情形分别处理：先行受领交付的买受人请求确认所有权已经转移的，人民法院应予支持；均未受领交付，先行支付价款（不论多少，只论先后）的买受人请求出卖人履行交付标的物等合同义务的，人民法院应予支持；均未受领交付，也未支付价款，依法成立在先合同的买受人请求出卖人履行交付标的物等合同义务的，人民法院应予支持。

224. 【答案】C 【解析】保证债务诉讼时效为普通诉讼时效，期间为3年。

225. 【答案】A 【解析】选项A，属于定期租赁合同。根据规定，租赁合同中租赁期限为6个月以上的，应当采用书面形式。当事人未采用书面形式无法确定租赁期限的，视为不定期租赁。当事人对租赁期限没有约定或者约定不明确，可以协议补充，不能达成补充协议的，按照合同有关条款或者交易习惯确定，仍不能确定的，视为不定期租赁。租赁期间届满，承租人继续使用租赁物，出租人没有提出异议的，原租赁合同继续有效，但租赁期限为不定期。选项B、C、D均属于不定期租赁。

226. 【答案】D 【解析】根据规定，选项A，在融资租赁合同中，出租人、出卖人、承租人可以约定，出卖人不履行买卖合同约定义务的，由承租人行使索赔的权利。选项 B, 租赁物不符合约定或者不符合使用目的的, 出租人不承担责任, 但承租人依赖出租人的技能确定租赁物或者出租人干预选择租赁物的除外。选项 C, 承租人应当按照约定支付租金。选项 D, 出租人和承租人可以约定租赁期间届满租赁物的归属, 对租赁物的归属没有约定或者约定不明确, 依照相关法律规定仍不能确定的, 租赁物的所有权归出租人。

227. 【答案】BCD 【解析】选项 A, 借款合同须采用书面形式, 但自然人之间借款另有约定的除外。

228. 【答案】ABC 【解析】选项 A、B、C, 系专属于甲债务人自身的债权, 债权人乙不得对之行使代位权。

229. 【答案】ABC 【解析】选项 D, 买受人已经支付标的总价款的 75% 以上的, 出卖人主张取回标的物的, 人民法院不予支持。

230. 【答案】ABCD 【解析】选项 A, 当事人没有约定交付地点, 标的物需要运输的, 出卖人将标的物交付给第一承运人后, 标的物毁损、灭失的风险由买受人承担; 选项 B, 出卖人按照约定将标的物置于交付地点, 买受人违反约定没有收取的, 标的物毁损、灭失的风险自违反约定之日起由买受人承担; 选项 C, 出卖人根据合同约定将标的物运送至买受人指定地点并交付给承运人后, 标的物毁损、灭失的风险由买受人承担, 但当事人另有约定的除外; 选项 D, 出卖人将标的物依法提存后, 毁损、灭失的风险由买受人承担。

231. 【答案】× 【解析】限制民事行为能力人超出自己的行为能力范围与他人订立的合同, 相对人可以催告法定代理人自收到通知之日起 30 日内予以追认, 法定代理人未作表示的, 视为拒绝追认。合同追认前, 善意相对人有撤销的权利。(相对人的催告权; 善意相对人的撤销权)

232. 【答案】× 【解析】房屋租赁合同无效, 当事人请求参照合同约定的租金标准支付房屋占有使用费的, 人民法院一般应予支持。

233. 【答案及解析】

(1) 张某用进口轿车设定抵押虽未经登记, 但抵押权设立。

根据规定, 以动产设定抵押, 抵押权自抵押合同生效时设立。抵押权未经登记, 不得对抗善意第三人。

(2) 对借款利息支付李某让张某"看着给", 是对支付借款利息约定不明确, 张某可以不支付利息。

根据规定, 对支付借款利息约定不明确的, 自然人之间借款的, 视为没有利息。

(3) 李某微信催要借款, 张某微信转账 10 万元的行为会导致诉讼时效中断。

根据规定, 在诉讼时效进行中 (本题适用 3 年时效期间), 权利人向义务人提出请求履行义务的要求、义务人同意履行义务等事由出现, 致使已经经过的时效期间统归无效, 待时效中断的法定事由消除后, 诉讼时效期间重新计算。

刷易错

234.【答案】A 【解析】受要约人对要约的内容作出实质性变更导致要约失效。有关合同标的、数量、质量、价款或者报酬、履行期限、履行地点和方式、违约责任和解决争议方法等内容的变更，是对要约内容的实质性变更。

235.【答案】B 【解析】当事人（甲、乙）约定由第三人（丙）向债权人（乙）履行债务的，第三人（丙）不履行债务或者履行债务不符合约定，债务人（甲）应当向债权人（乙）承担违约责任。

236.【答案】B 【解析】代位权禁止向专属于债务人自身的债权行使。专属于债务人自身的债权是指，基于扶养关系、抚养关系、赡养关系、继承关系产生的给付请求权和劳动报酬（选项A）、退休金（选项D）、养老金、抚恤金、安置费、人寿保险（选项C）、人身伤害赔偿请求权等权利。

237.【答案】B 【解析】选项A，合同成立后，当事人根据客观情况的变化，依照法律规定的条件和程序，经协商一致，对原合同进行修改、补充或者完善，是合同的变更。选项B、C，债务人将债务的全部或者部分转移给第三人的，应当经债权人同意。债务人或者第三人可以催告债权人在合理期限内予以同意，债权人未作表示的，视为不同意。选项D，新债务人成为合同一方当事人，如不履行或不适当履行合同义务，债权人可以向其请求履行债务或承担违约责任。

238.【答案】A 【解析】根据规定，债务人依法将标的物提存的，提存期间，标的物的孳息归债权人所有；提存费用由债权人负担；标的物提存后，毁损、灭失的风险由债权人承担。

239.【答案】A 【解析】试用买卖的买受人在试用期内已经支付部分价款或者对标的物实施出卖、出租、设立担保物权等行为的，视为同意购买。

240.【答案】D 【解析】选项D，没有约定或者约定不明确的，如果保证与第三人提供的物的担保并存，其中一人承担了担保责任，则只能向债务人追偿，不能向另外一个担保人追偿。

241.【答案】B 【解析】根据规定，融资租赁合同期限届满，对租赁物的归属没有约定或者约定不明，可以协议补充，不能达成协议补充的，按照合同有关条款或者交易习惯确定。仍不能确定的，租赁物的所有权归属于出租人。

242.【答案】ACD 【解析】法律规定了两种不得撤销要约的情形：（1）要约人以确定承诺期限或者其他形式明示要约不可撤销；（2）受要约人有理由认为要约是不可撤销的，并已经为履行合同做了合理准备工作。

243.【答案】ACD 【解析】合同的变更仅指合同内容的变更，是指合同成立后，当事人双方根据客观情况的变化，依照法律规定的条件和程序，经协商一致，对原合同内容进行修改、补充或者完善。

244.【答案】AB 【解析】根据规定，保证期间，债权人与债务人对主合同数量、价款、币种、利率等内容做了变动，未经保证人书面同意的，如果减轻债务人债务的，保证人仍应当对变更后的合同承担保证责任（选项 A）；如果加重债务人债务的，保证人对加重的部分不承担保证责任（选项 B、C）。债权人与债务人对主合同履行期限做了变动，未经保证人书面同意的，保证期间为原合同约定的或者法律规定的期间（选项 D）。

245.【答案】AD　【解析】选项 B，出租人出卖租赁房屋未在合理期限内通知承租人或者存在其他侵害承租人优先购买权情形，承租人可以请求出租人承担赔偿责任的，但不得主张出租人与第三人签订的房屋买卖合同无效。选项 C，租赁物在租赁期间发生所有权变动的，不影响租赁合同的效力。

246.【答案】×　【解析】因不可抗力不能履行合同的，根据不可抗力的影响，部分或者全部免除责任，但法律另有规定的除外。当事人迟延履行后发生不可抗力的，不能免除责任。

247.【答案】×　【解析】赠与人在赠与财产的权利转移之前可以撤销赠与。

248.【答案及解析】

（1）根据规定，债权人行使代位权诉讼，应当具备的条件包括以下几点：①债务人对第三人享有合法债权或者与该债权有关的从权利。②债务人怠于行使其债权。③债务人怠于行使权利有害于债权人债权的实现。④债务人的债务已到期。⑤债务人的债权不是专属于债务人自身的债权。

（2）徐某不得基于与丙公司的仲裁条款而向甲企业抗辩。

虽然民法规定，次债务人对债务人的抗辩，可以向债权人主张。但是仲裁法同时规定仲裁协议的效力在于：合法有效的仲裁协议对双方当事人诉权的行使产生一定的限制，即在当事人双方发生协议约定的争议时，任何一方只能将争议提交仲裁，而不能向人民法院起诉。因此徐某不得基于与丙公司的仲裁条款而向甲企业抗辩。

（3）徐某向甲企业支付 100 万元后，甲企业接受履行后，甲企业与丙企业、丙企业与徐某之间相应的权利义务关系即予消灭。

249.【答案及解析】

（1）借款合同对支付利息的期限没有约定，甲企业应当与乙银行协商，协商不成的，每满一年支付一次借款利息。

根据规定，对支付利息的期限没有约定或者约定不明确的，当事人可以协议补充；不能达成补充协议时，借款期间不满 1 年的，应当在返还借款时一并支付；借款期间 1 年以上的，应当在每届满 1 年时支付，剩余期间不满 1 年的，应当在返还借款时一并支付。

（2）乙银行在支付借款时预先扣除利息的做法不符合法律规定。甲企业按照实际收到的借款数额返还借款并计算利息。

根据规定，借款的利息不得预先在本金中扣除。利息预先在本金中扣除的，应当按照实际借款数额返还借款并计算利息。

（3）抵押物应当确定为甲企业的南厂房。

根据规定，抵押登记记载的内容与抵押合同约定的内容不一致的，以登记记载的内容为准。

本题中，抵押合同约定用甲企业北厂房设定抵押权，结果在登记时记载为南厂房，应以抵押登记记载为准。

（4）①甲企业2月10日的传真为要约。

要约是一方当事人以缔结合同为目的，向对方当事人提出足以使合同成立的条件，希望对方当事人接受的意思表示。

②丙公司2月11日的传真为新要约。

丙公司的传真对甲企业的要约作出了实质性的变更，增加了定金条款，为新要约。

③甲企业2月12日的传真是承诺。

承诺是受要约人完全接受要约条件的意思表示。

（5）丙公司延期供货不承担违约责任。

根据规定，因不可抗力不能履行合同的，根据不可抗力的影响，部分或者全部免除责任，但法律另有规定的除外。当事人一方因不可抗力不能履行合同的，应当及时通知对方不能履行或不能完全履行合同的情况和理由，并在合理期限内提供有关机关的证明，证明不可抗力及其影响当事人履行合同的具体情况。

本题中，丙公司延期供货是因为不可抗力事件所导致，并且及时通知了甲企业，因此不承担违约责任。

刷通关

250. 【答案】C 【解析】承诺是受要约人同意要约的意思表示（选项D）。承诺的内容必须与要约的内容一致；受要约人对要约的内容作出实质性变更的，为新要约（选项A）。承诺应当在要约确定的期限内到达要约人。受要约人超过承诺期限发出承诺，除要约人及时通知受要约人该承诺有效的以外，为新要约（选项B）。

251. 【答案】C 【解析】行为人没有代理权、超越代理权或者代理权终止后以被代理人名义订立的合同，为效力待定合同。

252. 【答案】A 【解析】根据规定，债务人放弃到期债权、无偿转让财产等无偿行为，不论第三人善意或恶意，债权人均得以请求撤销。

253. 【答案】D 【解析】债的关系应有两个不同的主体，因混同致债权债务归于同一人，债的关系无法维系，故归于消灭。

254. 【答案】A 【解析】债权人转让权利无须经债务人同意，但应当通知债务人。未经通知，该转让对债务人不发生效力。债务人接到债权转让通知后，债权让与行为对债务人就生效，债务人应对受让人履行义务（选项A、B）。合同权利全部转让的，原合同关系消灭，受让人取代原债权人的地位，成为新的债权人（选项C）。债务人接到债权转让通知后，债务人对让与人的抗辩，可以向受让人主张（选项D）。

255. 【答案】C 【解析】出卖人就同一船舶、航空器、机动车等特殊动产订立多重买卖合同，在买卖合同均有效的情况下，买受人均要求实际履行合同的，应当按照以下情形分别处理：(1) 先行受领交付的买受人请求出卖人履行办理所有权转移登记手续等合同义务的，人民法院应予支持；(2) 均未受领交付，先行办理所有权转移登记手续的买受人请求出卖人履行交付标的物等合同义务的，人民法院应予支持；(3) 均未受领交付，也未办理所有权转移登记手续，依法成立在先合同的买受人请求出卖人履行交付标的物和办理所有权转移登记手续等合同义务的，人民法院应予支持；(4) 出卖人将标的物交付给买受人之一，又为其他买受人办理所有权转移登记，已受领交付的买受人请求将标的物所有权登记在自己名下的，人民法院应予支持。

256. 【答案】B 【解析】根据规定，标的物毁损、灭失的风险，在标的物交付之前由出卖人承担，交付之后由买受人承担，但是法律另有规定或者当事人另有约定的除外。因买受人的原因致使标的物不能按照约定的期限交付的，买受人应当自违反约定之日起承担标的物毁损、灭失的风险。

257. 【答案】C 【解析】根据规定，出租人应当履行租赁物的维修义务，但当事人另有约定的除外。

258. 【答案】BC 【解析】合同是平等主体的自然人、法人、其他组织之间设立、变更、终止民事权利义务关系的协议。婚姻、收养、监护等有关身份关系的协议，适用其他法律的规定。劳动合同适用《劳动合同法》。

259. 【答案】BC 【解析】选项 A，属于承诺撤回。选项 B，受约人对要约做出了实质性变更，属于新的要约。选项 C，为迟延承诺，除要约人及时通知受要约人该承诺有效外，该承诺视为新要约。选项 D，受要约人在承诺期限内发出承诺，按照通常情形能够及时到达要约人，但因其他原因承诺到达要约人时超过承诺期限的，除要约人及时通知受要约人因承诺超过期限不接受该承诺的以外，该承诺有效。

260. 【答案】ABCD 【解析】对格式条款的理解发生争议的，应当按照通常理解予以解释。对格式条款有两种以上解释的，应当作出不利于提供格式条款一方的解释（选项 D）。格式条款和非格式条款不一致的，应当采用非格式条款（选项 A）。提供格式条款的一方不合理地免除或减轻其责任，加重对方责任，限制对方主要权利的，格式条款无效（选项 B）。提供格式条款的一方应当遵循公平原则确定当事人之间的权利和义务（选项 C），并采取合理的方式提请对方注意免除或者限制其责任的条款，按照对方的要求，对该条款予以说明。

261. 【答案】BCD 【解析】当事人约定由债务人向第三人履行债务的，债务人未向第三人履行债务或者履行债务不符合约定，债务人应当向债权人承担违约责任。题目中，濒于破产的是丙公司，而不是买受人乙公司，甲公司不享有不安抗辩权，其未按时送货的行为构成违约，应当向乙公司（买卖合同相对人）承担违约责任，而不是向丙公司承担违约责任。

262. 【答案】× 【解析】借款合同是诺成性合同，但自然人之间的借款合同为实践性合同。自然人之间的借款合同，自贷款人提供借款时成立。

263.【答案】√ 【解析】该表述符合法律规定。

264.【答案】× 【解析】租赁期限届满，房屋承租人享有以同等条件优先承租的权利。

265.【答案及解析】

(1) 定金约定 30 万元的数额不符合法律规定。

根据规定，定金的数额由当事人约定，但不得超过主合同标的额的 20%。本题中合同总价款 120 万元，20% 为 24 万元。

(2) 乙公司不得转让该银行汇票。

根据规定，出票人在汇票上记载"不得转让"字样，该汇票不得转让。根据《票据法》司法解释的规定，对于记载"不得转让"字样的票据，其后手以此票据进行贴现、质押的，通过贴现、质押取得票据的持票人主张票据权利的，人民法院不予支持。

(3) 合同履行期间乙公司被丁公司并购，该合同的履行义务应当由丁公司承担。

根据规定，公司合并时，合并各方的债权、债务，应当由合并后存续的公司或者新设的公司承继。

266.【答案及解析】

(1) 张某关于阳台玻璃的毁损维修费用由双方负担的说法不成立。

根据规定，租赁合同中，出租人应当履行租赁物的维修义务，但当事人另有约定的除外。

(2) 李某从支付的房屋租金中扣除维修费的做法符合法律规定。

出租人未履行维修义务的，承租人可以自行维修，维修费用由出租人负担。因维修租赁物影响承租人使用的，应当相应减少租金或者延长租期。

(3) 银行的三个观点均不成立。

①抵押期间张某可以转让抵押物。根据《民法典物权编》的规定，抵押期间，抵押人可以转让抵押财产。当事人另有约定的，按照其约定。抵押财产转让的，抵押权不受影响。

②张某和黄某的买卖合同有效；黄某因此取得的房屋所有权受法律保护。根据《司法解释》规定，当事人约定禁止或者限制转让抵押财产但是未将约定登记，抵押人违反约定转让抵押财产，抵押权人请求确认转让合同无效的，人民法院不予支持。抵押财产已经交付或者登记，抵押权人请求确认转让不发生物权效力的，人民法院不予支持，但是抵押权人有证据证明受让人知道的除外。本题中，抵押人张某与抵押权人银行约定抵押物不得转让，但未将约定登记，则导致张某的转让行为不受限，转让合同有效。再者房屋已经依据转让合同办理了产权转让手续（登记），黄某因此取得的所有权（物权）亦受法律保护。

(4) 张某出租的房屋转让后，黄某无权解除租赁合同。

根据规定，租赁物在租赁期间发生所有权变动的，不影响租赁合同的效力，即买卖不破租赁。

第六章　金融法律制度

刷基础

267. 【答案】B　【解析】选项A，背书不得附有条件，背书时附有条件的，所附条件不具有票据上的效力。选项C，委托收款背书为非转让背书，被背书人不能取得票据权利。选项D，汇票被拒绝承兑、被拒绝付款或者超过付款提示期限的，不得背书转让；背书转让的，背书人应当承担汇票责任。

268. 【答案】B　【解析】选项B，汇票未按照规定期限提示承兑的，持票人丧失对其前手的追索权。

269. 【答案】B　【解析】证券的代销、包销期限最长不得超过90日。

270. 【答案】A　【解析】选项B，公司新增借款或者对外提供担保超过上年年末净资产的20%；选项C，公司放弃债权或者财产超过上年年末净资产的10%；选项D，公司发生超过上年年末净资产10%的重大损失。

271. 【答案】D　【解析】《保险法》规定除被保险人的家庭成员或者其组成人员"故意"对保险标的损害而造成保险事故外，保险人不得对被保险人的"家庭成员或者其组成人员"行使代位请求赔偿的权利。即故意造成保险事故的，保险人有权行使代位请求赔偿的权利。选项D不符合规定。

272. 【答案】A　【解析】在人身保险中，投保人对下列人员具有保险利益：(1)本人。(2)配偶、子女、父母。(3)上述人员以外的与投保人有抚养、赡养或者扶养关系的家庭其他成员、近亲属（选项B、C）。(4)与投保人有劳动关系的劳动者（选项D）。

273. 【答案】A　【解析】选项B、C、D，信托一经设立，财产权便发生转移，信托财产随即而生，该财产自此开始不再属于委托人，受益人拥有的也仅仅是向受托人要求以支付信托利益为内容的债权，即受益权，信托财产只能归属于受托人。

274. 【答案】C　【解析】除因下列情形之一外，对信托财产不得强制执行：(1)设立信托前债权人已对该信托财产享有优先受偿的权利，并依法行使该权利的；(2)受托人处理信托事务所产生债务，债权人要求清偿该债务的；(3)信托财产本身应担负的税款；(4)法律规定的其他情形。

275. 【答案】ABD　【解析】选项B，保证不得附有条件，附有条件的，不影响对汇票的保证责任。保证人丁对于甲的汇票，应予以担保。

276. 【答案】ABCD　【解析】以上表述均符合法律规定。

277.【答案】BD　【解析】选项 A、B，受益人是指人身保险合同中由被保险人或者投保人指定的享有保险金请求权的人。投保人、被保险人可以为受益人。受益人的资格一般没有限制。被保险人或者投保人可以指定一人或数人为受益人。选项 C、D，人身保险合同约定分期支付保险费，投保人支付首期保险费后，除合同另有约定外，投保人自保险人催告之日起超过 30 日未支付当期保险费，或者超过约定的期限 60 日未支付当期保险费的，合同效力中止（后果），或者由保险人按照合同约定的条件减少保险金额。

278.【答案】ABCD　【解析】本题考核信托财产的范围：（1）受托人因承诺信托而取得的财产。（2）受托人因信托财产的管理运用而取得的财产。（3）受托人因信托财产的处分而取得的财产。（4）受托人因其他情形而取得的财产，如被保险的信托财产因第三人的行为而灭失、毁损，根据保险单而取得的保险赔款。四个选项都正确。

279.【答案】×　【解析】投资者及其一致行动人是上市公司第一大股东或者实际控制人，或者拥有表决权的股份达到 20% 但未超过 30% 的，应当编制详式权益变动报告书。

280.【答案】√　【解析】财产保险的被保险人在保险事故发生时，对保险标的应当具有保险利益。人身保险的投保人在保险合同订立时，对被保险人应当具有保险利益。

281.【答案及解析】

（1）乙公司在背书转让汇票时的相关记载无效。

背书人在背书时，记载一定的条件，以限制或者影响背书效力属于附条件背书。根据规定，背书时附有条件的，所附条件不具有汇票上的效力。

（2）丙公司超过了提示付款期限。

根据规定，定日付款、出票后定期付款或者见票后定期付款的汇票，自到期日起 10 日内向承兑人提示付款。

题目中付款期间为 2022 年 4 月 30 日，丙公司 5 月 15 日才请求付款，已超期。

（3）丁银行不得拒绝付款。

根据规定，付款人承兑汇票后，到期付款的责任是一种绝对责任，承兑人的票据责任不因持票人未在法定期限提示付款而解除。持票人未按期提示付款的，在作出说明后，承兑人或者付款人仍应当继续对持票人承担付款责任。

282.【答案及解析】

（1）汇票出票时未记载付款地不影响出票的效力。

根据规定，汇票的付款地的记载事项属于相对记载事项，汇票上未记载付款地的，付款地为付款人的营业场所、住所或者经常居住地。

（2）A 银行的拒付理由不成立。

根据规定，付款人承兑汇票后，应当承担到期付款的责任。到期付款的责任是一种绝对责任。再者，票据债务人不得以自己与出票人之间的抗辩事由，对抗持票人。

题目中，A 银行已经承兑，是主债务人，就不能以资金关系为由对持票人拒绝付款。

（3）乙公司拒绝庚公司追索的理由不成立。

根据规定，票据债务人可以对不履行约定义务的与自己有直接债权债务关系的持票人，进行抗辩。但假如该票据已被不履行约定义务的持票人进行背书转让，而最终的持票人属善意、已对价取得票据的持票人，则票据债务人不能对其进行抗辩。

（4）乙公司拒绝丁公司追索的理由成立。

根据规定，票据债务人不得以自己与持票人的前手之间的抗辩事由，对抗持票人。但是，持票人明知存在抗辩事由而取得票据的除外。

题目中，丁公司知道票据前手之间存在纠纷仍然受让票据，乙公司可以以对抗丙公司的事由对抗丁公司。

（5）戊公司拒绝承担保证责任的理由不成立。

根据规定，被保证的汇票，保证人应当与被保证人对持票人承担连带责任。汇票到期后得不到付款的，持票人有权向保证人请求付款，保证人应当足额付款。

刷提高

283. 【答案】D 【解析】选项 D 是属于对人抗辩的范围。

284. 【答案】B 【解析】保险人对保险合同中的保险责任免除条款未向投保人明确说明的，该条款不产生效力。

285. 【答案】D 【解析】选项 A，发行后的股本总额不低于 5 000 万元。选项 B、D，公开发行的股份达到公司股份总数的 25%；股本总额超过人民币 4 亿元的，公开发行股份的比例为 10% 以上。选项 C，最近 3 年财务会计报告被出具无保留意见审计报告。

286. 【答案】A 【解析】发行人因欺诈发行、虚假陈述或者其他重大违法行为给投资者造成损失的，发行人的控股股东、实际控制人、相关的证券公司可以委托投资者保护机构，就赔偿事宜与受到损失的投资者达成协议，予以先行赔付。先行赔付后，可以依法向发行人以及其他连带责任人追偿。

287. 【答案】A 【解析】投保人故意或者因重大过失未履行如实告知义务，足以影响保险人决定是否同意承保或者提高保险费率的，保险人有权解除合同。保险人解除合同的权利，自保险人知道有解除事由之日起，超过 30 日不行使而消灭。

288. 【答案】A 【解析】保险经纪人代表投保人的利益，按照投保人的指示和要求行事，维护投保人、被保险人的利益；保险经纪人只能是单位，不能是个人；佣金一般由保险人支付，可以依合同约定由投保人支付，但不得同时向投保人和保险人双方收取佣金。

289. 【答案】C 【解析】选项 A，受托人公司除依法取得报酬外，不得利用信托财产为自己谋取利益。选项 B，受托人必须将信托财产与其固有财产分别管理、分别记账，并将不同委托人的信托财产分别管理、分别记账。选项 C，受托人应当自已处理信托事务，但信托文件另有规定或者有不得已事由的，可以委托他人代为处理。选项 D，受托人必须保存处理信托事务的完整记录。

290.【答案】B　【解析】选项 A，是信托终止事由。选项 C，信托设立后，经委托人和受益人的同意，受托人可以辞任。选项 D，在他益信托中，委托人不得擅自变更受益人或者处分受益人的受益权，但下列情形除外：（1）受益人对委托人有重大侵权行为；（2）受益人对其他共同受益人有重大侵权行为；（3）经受益人同意；（4）其他情形。

291.【答案】ABD　【解析】选项 C，支票限于见票即付，不得另行记载付款日期。另行记载付款日期的，该记载无效。

292.【答案】ACD　【解析】选项 B，在一个上市公司中拥有权益的股份达到或者超过该公司已发行股份的 50% 的，继续增加其在该公司拥有的权益不影响该公司的上市地位。

293.【答案】ABD　【解析】财产保险的被保险人在保险事故发生时，对保险标的应当具有保险利益；保险利益必须是确定的、客观存在的利益，包括现有利益和期待利益；人身保险的投保人在保险合同订立时，对被保险人应当具有保险利益；保险利益是投保人或被保险人对保险标的具有的法律上承认的利益，选项 C 不正确。

294.【答案】ACD　【解析】选项 B 属于诈害信托。诈害信托是指以损害债权的清偿为设立后果的信托。诈害信托已经设立并成立，但因其设立构成对债权人权利的侵犯，债权人可以主张撤销该信托。根据规定，委托人设立信托不得损害债权人利益，设立信托损害其债权人利益的，债权人有权申请人民法院撤销该信托。债权人的申请权，自债权人知道或者应当知道撤销原因之日起 1 年内不行使的，归于消灭。

295.【答案】√　【解析】该表述符合相关法律规定。
296.【答案】√　【解析】该表述符合相关法律规定。
297.【答案】√　【解析】该表述符合相关法律规定。
298.【答案及解析】

（1）甲保险公司以王某并非被保险人为由拒绝向其理赔不合法。

根据规定，被保险人、受让人依法及时向保险人发出保险标的转让通知后，保险人作出答复前，发生保险事故，被保险人或者受让人主张保险人按照保险合同承担赔偿保险金的责任的，人民法院应予支持。

题目中，张某已经将车辆转让事项通知了甲保险公司。因此甲保险公司不得以王某并非被保险人为由拒绝向其理赔。

（2）王某以甲保险公司未向其提示或明确说明该免责条款为由，主张条款不成为合同内容不合法。

根据规定，保险人已向投保人履行了保险法规定的提示和明确说明义务，保险标的受让人以保险标的转让后保险人未向其提示或者明确说明为由，主张免除保险人责任的条款不成为合同内容的，人民法院不予支持。

题目中甲保险公司已经向张某履行了保险法规定的提示和明确说明义务，受让人王某不得以甲保险公司未向其提示或者明确说明为由，主张免除保险人责任的条款不成为合同内容。

（3）甲保险公司以保险责任已经开始为由拒绝退还保险费不合法。

根据规定，除保险法另有规定或者保险合同另有约定外，保险合同成立后，投保人可以解除合同，保险人不得解除合同。保险责任开始后，投保人要求解除合同的，保险人应当将已收取的保险费，按照合同约定扣除自保险责任开始之日起至合同解除之日止应收的部分后，退还投保人。

刷易错

299.【答案】C 【解析】根据规定，背书应当在票据背面或粘单上完成，票据凭证不能满足背书人记载的需要时，可以加附粘单，粘贴于票据上，粘单上的第一记载人应当在汇票与粘单的粘接处签章。

300.【答案】B 【解析】选项 A，票据上未记载付款地的，不必然导致票据无效，而是依据法律的规定确定付款地。支票上未记载付款地的，付款地为付款人的营业场所。选项 B，出票人签发的支票金额超过其付款时在付款人处实有的存款金额，该支票为空头支票，丁银行有权拒付。选项 D，票据以背书转让或者以背书将一定的票据权利授予他人行使时，必须记载被背书人名称。如果背书人背书时未记载被背书人名称，而将票据交付他人的，持票人在票据被背书人栏内记载自己的名称与背书人记载具有同等法律效力。

301.【答案】C 【解析】选项 A，是操纵证券市场行为。选项 B，是虚假陈述行为。选项 D，是内幕交易行为。

302.【答案】A 【解析】选项 A，投资者分为普通投资者和专业投资者。普通投资者与证券公司发生纠纷的，证券公司应当证明其行为符合法律、行政法规以及国务院证券监督管理机构的规定，不存在误导、欺诈等情形。证券公司不能证明的，应当承担相应的赔偿责任。

303.【答案】B 【解析】根据规定，人寿保险以外的其他保险的被保险人或者受益人，向保险人请求赔偿或者给付保险金的诉讼时效期间为 2 年，自其知道或者应当知道保险事故发生之日起计算。

304.【答案】C 【解析】选项 A，重复保险的投保人应当将重复保险的有关情况通知各保险人。通知的方式没有特别规定，书面、口头或者其他方式均可。选项 B，保险事故发生后，保险人已支付了全部保险金额，并且（与前款并列）保险金额等于保险价值的，受损保险标的的全部权利归于保险人。选项 D，除被保险人的家庭成员或者其组成人员故意对保险标的的损害而造成保险事故外，保险人不得对被保险人的家庭成员或者其组成人员行使代位请求赔偿的权利。

305.【答案】B　【解析】（1）投保人故意或者因重大过失未履行如实告知义务，足以影响保险人决定是否同意承保或者提高保险费率的，保险人有权解除合同。（2）保险人解除合同的权利，自合同成立之日起超过2年的，保险人不得解除合同；发生保险事故的，保险人应当承担赔偿或者给付保险金的责任。

306.【答案】B　【解析】选项A，信托关系存续期间，受益人只能主张信托利益，并不享有信托财产权。选项C，设立信托后，委托人死亡或者依法解散、被依法撤销、被宣告破产时，委托人是唯一受益人的，信托终止，信托财产作为其遗产或者清算财产；委托人不是唯一受益人的，信托存续，信托财产不作为其遗产或者清算财产；但作为共同受益人的委托人死亡或者依法解散、被依法撤销、被宣告破产时，其信托受益权作为其遗产或者清算财产。选项D，受托人死亡或者依法解散、被依法撤销、被宣告破产而终止，信托财产不属于其遗产或者清算财产。

307.【答案】BCD　【解析】选项A，票据伪造的概念。选项B，票据的伪造行为在法律上不具有任何票据行为的效力。由于其自始无效，故持票人即使是善意取得，对被伪造人也不能行使票据权利。被伪造人当然不承担票据责任。选项C，对伪造人而言，由于票据上没有以自己名义所作的签章，因此也不承担票据责任（但要承担相应的法律责任）。选项D，票据上有伪造签章的，不影响票据上其他真实签章的效力。持票人依法提示承兑、提示付款或行使追索权时，在票据上真实签章人不能以票据伪造为由进行抗辩。

308.【答案】BCD　【解析】选项A，发行人最近3年无债务违约或者延迟支付本息的事实。

309.【答案】ACD　【解析】因保险合同纠纷提起的诉讼，由被告住所地（选项C）或者保险标的物所在地人民法院管辖。因财产保险合同纠纷提起的诉讼，如果保险标的物是运输工具或者运输中的货物，可以由运输工具登记注册地、运输目的地（选项A）、保险事故发生地（选项D）人民法院管辖。

310.【答案】√　【解析】没有代理权而以代理人名义在票据上签章的，应当由签章人承担票据责任，即签章人应承担向持票人支付票据金额的义务。

311.【答案】×　【解析】不动产信托，信托登记时间既是信托生效的要件，也是据以确定信托生效的时间节点。因为特定信托存在特别规定，如公益信托，其设立和确定受托人，应当经有关公益事业的管理机构批准，所以，即使是不动产信托，也不能一概将不动产的信托登记时间认定为信托生效时间。

312.【答案及解析】

（1）丁行使追索权的理由成立。

根据规定，追索权发生的实质要件包括以下几点：①汇票到期被拒绝付款。②汇票在到期日前被拒绝承兑。③在汇票到期日前，承兑人或付款人死亡、逃匿的。④在汇票到期日前，承兑人或付款人被依法宣告破产或因违法被责令终止业务活动。发生上述情形之一的，持票人可以对背书人、出票人以及汇票的其他债务人行使追索权。

（2）乙拒绝丁追索的理由成立。

根据规定，背书人可以在汇票上记载"不得转让"或类似字样，背书人在汇票上记载"不得转让"字样，其后手再背书转让的，原背书人对其后手的被背书人不承担保证责任。

（3）丙拒绝丁追索的理由不成立。

根据规定，持票人未按规定期限发出追索通知，持票人仍可以行使追索权，因延期通知给其前手造成损失的，由没有按照规定期限通知的汇票当事人承担对该损失的赔偿责任，但是所赔偿的金额以汇票金额为限。

刷通关

313.【答案】C 【解析】汇票的出票日期是绝对记载事项（选项 A），汇票上未记载付款日期为见票即付，不必然导致票据无效（选项 B），签发票据的原因属于非法定记载事项，未记载不导致票据无效（选项 D）。

314.【答案】A 【解析】选项 A、B、D，背书未记载日期的，视为在汇票到期日前背书。选项 C，背书时附有条件的，所附条件不具有汇票上的效力，背书有效。

315.【答案】C 【解析】对证券交易所作出的不予上市交易、终止上市交易决定不服的，可以向证券交易所设立的复核机构申请复核。

316.【答案】C 【解析】选项 A，在收购要约确定的承诺期限内，收购人不得撤销其收购要约。选项 B，收购人持有被收购的上市公司股票，在收购行为完成后 18 个月内不得转让。选项 D，收购人应当公平对待被收购公司的所有股东。持有同一种类股份的股东应当得到同等对待。上市公司发行不同种类股份的，收购人可以针对不同种类股份提出不同的收购条件。

317.【答案】A 【解析】受益人可以放弃信托受益权，全体受益人放弃信托受益权的，信托终止；部分受益人放弃信托受益权的，被放弃的信托受益权按下列顺序确定归属：（1）信托文件规定的人；（2）其他受益人；（3）委托人或者其继承人。

318.【答案】A 【解析】被保险人在宽限期内发生保险事故的，保险人应当按照合同约定给付保险金，但可以扣减欠交的保险费。

319.【答案】D 【解析】《保险法》规定，人寿保险的被保险人或者受益人向保险人请求给付保险金的诉讼时效期间为 5 年，自其知道或者应当知道保险事故发生之日起。

320.【答案】C 【解析】具有财产价值的东西，只要满足了可转让性、确定性与合法所有性要求，不论其采取何种存在形式，原则上均可以作为信托财产；如金钱、不动产、动产、有价证券、知识产权等。商誉、经营控制权等营业上的利益，因非确定的独立财产，不能成为信托财产。

321.【答案】D 【解析】选项 A，共同受托人处理信托事务对第三人所负债务，应当承担连带清偿责任。选项 B，第三人对共同受托人之一所作的意思表示，对其他受托人同样有效。选项 C，共同受托人共同处理信托事务，意见不一致时，按信托文件规定处理；信托文件未规定的，由委托人、受益人或者其利害关系人决定。

322.【答案】ACD　【解析】选项 B，保证附有条件，不影响保证的效力。

323.【答案】AB　【解析】选项 C，除基金合同另有约定外，私募基金应当由基金托管人托管。基金合同约定私募基金不进行托管的，应当在基金合同中明确保障私募基金财产安全的制度措施和纠纷解决机制。选项 D，设立私募基金管理机构和发行私募基金不设行政审批，允许各类发行主体在依法合规的基础上，向累计不超过法律规定数量的投资者发行私募基金。

324.【答案】ACD　【解析】选项 B，人身保险的受益人由被保险人或投保人指定，投保人指定受益人时须经被保险人同意，投保人变更受益人时也须经被保险人同意。

325.【答案】√　【解析】该表述符合相关法律规定。

326.【答案】×　【解析】在收购要约确定的承诺期限内，收购人不得撤销其收购要约。

327.【答案】×　【解析】信托生效是指信托产生法律约束力。信托成立并不意味着信托生效，信托的成立仅以委托人和受托人达成设立信托的意思表示一致为条件。信托成立后，只有在信托当事人、信托财产、信托行为和信托目的的四个方面均符合《信托法》的生效条件，才能使已经成立的信托生效。

328.【答案及解析】

（1）A 公司首次发行上市后，其股本结构中社会公众股 5 000 万股，占股本总额 13 200 万股的 25% 以上，符合法律规定。

根据《证券法》规定，公开发行的股份达到公司股份总数的 25% 以上，公司股本总额超过人民币 4 亿元的，公开发行股份的比例为 10% 以上。

（2）A 公司的增发新股方案有以下法律问题：

①委托 H 证券公司独家代销是错误的。

根据《证券法》规定，向社会公开发行的证券票面总额超过人民币 5 000 万元的，应当由承销团承销。

②承销期为 98 天是错误的。

根据《证券法》规定，证券的代销、包销期限最长不得超过 90 日。

③增发新股的方案由股东大会以一般决议的方式通过不符合法律规定。

根据《公司法》规定，修改公司章程、增加或者减少注册资本的决议，以及公司合并、分立、解散或者变更公司形式属于特别决议事项，必须经股东大会出席会议的股东所持表决权的 2/3 以上通过。

第七章 财政法律制度

329. 【答案】C 【解析】一般性转移支付包括以下几点：（1）均衡性转移支付；（2）对革命老区、民族地区、边疆地区、贫困地区的财力补助；（3）其他一般性转移支付。

330. 【答案】D 【解析】选项D，属于国有资本经营预算收入。

331. 【答案】A 【解析】根据规定，企业国有资产属于国家所有，国务院代表国家行使企业国有资产所有权。

332. 【答案】B 【解析】选项B，国务院和县级以上地方各级政府对下一级政府依照《预算法》上述规定报送备案的决算，认为有同法律、行政法规相抵触或者有其他不适当之处，需要撤销批准该项决算的决议的，应当提请本级人民代表大会常务委员会审议决定。经审议决定撤销的，该下级人民代表大会常务委员会应当责成本级政府依照《预算法》规定重新编制决算草案，提请本级人民代表大会常务委员会审查和批准。

333. 【答案】A 【解析】选项A，有下列情形之一的，可以采用邀请招标的方式采购：具有特殊性，只能从有限范围的供应商处采购的；采用公开招标方式的费用占政府采购项目总价值比例过大的。选项B，招标采购单位应当在省级以上人民政府财政部门指定的政府采购信息媒体发布资格预审公告，公布投标人资格条件，资格预审公告的期限不得少于7个工作日。选项C、D，投标人应当在资格预算公告期结束之日起3个工作日前，按公告要求提交资格证明文件。招标采购单位从评审合格投标人中通过随机方式选择3家以上的投标人，并向其发出投标邀请书。

334. 【答案】ABC 【解析】选项D，中央国库业务由中国人民银行经理，地方国库业务依照国务院的有关规定办理。

335. 【答案】BCD 【解析】在招标采购中，出现下列情形之一的，应予废标：（1）符合专业条件的供应商或者对招标文件作出实质响应的供应商不足3家的；（2）出现影响采购公正的违法、违规行为的；（3）投标人的报价均超过了采购预算，采购人不能支付的；（4）因重大事故，采购任务取消的。

336. 【答案】× 【解析】各级一般公共预算支出的编制，应当统筹兼顾，在保证基本公共服务合理需要的前提下，优先安排国家确定的重点支出。

337. 【答案】× 【解析】国家出资企业中的国有独资企业、国有独资公司的重大资产处置，需由国有资产监督管理机构批准的，依照有关规定执行。重要的国有独资企业、国有独资公司分立、合并、破产、解散的，应当由国有资产监督管理机构审核后，报本级人民政府批准。

刷提高

338. 【答案】B 【解析】政府性基金预算收入来源于向特定对象征收、收取或者以其他方式筹集的资金，如民航发展基金、国家重大水利建设基金、国有土地使用权出让金等。

339. 【答案】C 【解析】根据规定，关联方，是指本企业的董事、监事、高级管理人员及其近亲属，以及这些人员所有或者实际控制的企业。国家出资企业与关联方的交易应当遵守的规则，未经履行出资人职责的机构同意，国有独资企业、国有独资公司不得有下列行为：（1）与关联方订立财产转让、借款的协议；（2）为关联方提供担保；（3）与关联方共同出资设立企业，或者向董事、监事、高级管理人员或者其近亲属所有或者实际控制的企业投资。选项A、B、D，不符合法律规定。国有独资企业、国有独资公司、国有资本控股公司不得无偿向关联方提供资金、商品、服务或者其他资产，不得以不公平的价格与关联方进行交易。选项C，甲、乙公司仓库租赁协议是支付租金的，不属于无偿，不存在违反法律规定的问题。

340. 【答案】D 【解析】政府采购监督管理部门在处理投诉事项期间，可以视具体情况书面通知采购人暂停采购活动，但暂停时间最长不得超过30日。

341. 【答案】C 【解析】采购人与中标、成交供应商应当在中标、成交通知书发出之日起30日内，按照采购文件确定的事项签订政府采购合同。

342. 【答案】B 【解析】根据规定，招标文件要求投标人提交投标保证金的，投标保证金不得超过采购项目预算金额的2% ［300×2% =6（万元）］。

343. 【答案】ABC 【解析】选项D，是一般公共预算支出按照其功能分类的项目。

344. 【答案】BCD 【解析】行政事业性国有资产中，各部门及其所属单位应当对下列资产及时予以报废、报损：（1）因技术原因确需淘汰或者无法维修、无维修价值的资产；（2）涉及盘亏、坏账以及非正常损失的资产；（3）已超过使用年限且无法满足现有工作需要的资产；（4）因自然灾害等不可抗力造成毁损、灭失的资产。

345. 【答案】√ 【解析】在政府采购活动中，采购人员及相关人员与供应商的法定代表人或者负责人有夫妻、直系血亲、三代以内旁系血亲或者近姻亲关系的，应当回避。

刷易错

346. 【答案】B　【解析】在预算执行中出现下列情况之一的，应当进行预算调整：(1) 需要增加或者减少预算总支出的；(2) 需要调入预算稳定调节基金的；(3) 需要调减预算安排的重点支出数额的；(4) 需要增加举借债务数额的。

347. 【答案】C　【解析】关联方，是指本企业的董事、监事、高级管理人员（选项 A、B）及其近亲属，以及这些人员所有或者实际控制的企业（选项 D）。

348. 【答案】D　【解析】地方各级预算按照量入为出、收支平衡的原则编制，除《预算法》另有规定外，不列赤字。

349. 【答案】B　【解析】选项 B，中标、成交通知书发出后，采购人改变中标、成交结果的，或者中标、成交供应商放弃中标、成交项目的，应当承担法律责任。

350. 【答案】B　【解析】根据规定，政府采购文件从采购结束之日起至少保存 15 年。

351. 【答案】ABCD　【解析】以上选项表述均符合法律规定。

352. 【答案】ACD　【解析】有下列情形之一的，属于以不合理的条件对供应商实行差别待遇或者歧视待遇：(1) 就同一采购项目向供应商提供有差别的项目信息（选项 C）；(2) 设定的资格、技术、商务条件与采购项目的具体特点和实际需要不相适应或者与合同履行无关；(3) 采购需求中的技术、服务等要求指向特定供应商、特定产品；(4) 以特定行政区域或者特定行业的业绩、奖项作为加分条件或者中标、成交条件；(5) 对供应商采取不同的资格审查或者评审标准（选项 D）；(6) 限定或者指定特定的专利、商标、品牌或者供应商（选项 A）；(7) 非法限定供应商的所有制形式、组织形式或者所在地；(8) 以其他不合理条件限制或者排斥潜在供应商。

353. 【答案】√　【解析】集中采购机构是设区的市级以上人民政府依法设立的非营利事业法人，其主要职责是根据采购人的委托办理采购事宜，是代理集中采购项目的执行机构。

刷通关

354. 【答案】C　【解析】国有独资企业、国有独资公司的重大资产处置，需由国有资产监督管理机构批准，依照有关规定执行。

355. 【答案】D　【解析】国有资产监督管理机构决定其所出资企业的国有股权转让。其中，转让全部国有股权或者转让部分国有股权致使国家不再拥有控股地位的，报本级人民政府批准。

356. 【答案】C　【解析】资产配置包括调剂、购置、建设、租用、接受捐赠等方式。选项 C，各部门及其所属单位应当优先通过调剂方式配置资产。选项 A、B、D，不能调剂的，可以采用购置、建设、租用等方式。

357.【答案】B 【解析】选项A，废标后，采购人应当将废标理由通知所有投标人。选项B、C、D，废标后，除采购任务取消情形外，应当重新组织招标；需要采取其他方式采购的，应当在采购活动开始前获得设区的市、自治州以上政府采购监督管理部门或者政府有关部门批准。

358.【答案】A 【解析】根据《政府采购法》的规定，各级人民政府财政部门是政府采购监督管理的部门，依法履行对政府采购活动的监督管理职责。

359.【答案】ABC 【解析】选项D，各级政府不得向预算收入征收部门和单位下达收入指标。

360.【答案】ABC 【解析】采购人是指依法进行政府采购的国家机关、事业单位、团体组织，不包括国有企业。